Ergens in de verte

Youp van 't Hek

Ergens in de verte

Thomas Rap – Staalstraat 10
Amsterdam

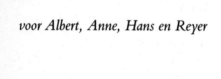

voor Albert, Anne, Hans en Reyer

Ben ik een week aan zee
dan wil ik naar de bergen
ben ik in de bergen
dan wil ik weer naar zee
dat is het nou met mij
dat is nou juist het erge
en u denkt nu: waarom ga je niet
naar Bergen aan Zee?

Altijd, altijd ben ik elders
altijd verlangen in mijn kop
op zolders wil ik steeds naar kelders
en in kelders juist weer hogerop.

Zit ik een avond thuis
dan wil ik naar de kroegen
tocht ik langs de kroegen
dan wil ik weer naar jou
waarom zit ik nooit
ergens tot genoegen
want als ik bij jou ben
dan wil ik naar mijn vrouw.

Altijd, altijd ben ik elders
altijd verlangen in mijn kop
op zolders wil ik steeds naar kelders
en in kelders juist weer hogerop.

Vanmiddag zat ik thuis
en ik wou naar het theater
nu ben ik in het theater

en wil ik weer naar huis
waarom zit ik altijd
overal met een kater
ik heet u hartelijk welkom
maar ik zat toch liever thuis

want altijd, altijd ben ik elders
altijd verlangen in mijn kop
op zolders wil ik steeds naar kelders
en in kelders juist weer hogerop
altijd, altijd ben ik elders
altijd verlangen in mijn kop
ik heet u echt hartelijk welkom
maar denk eigenlijk: sodemieter op!

Het gaat ontzettend goed met mij, het gaat echt fantastisch, niet alleen artistiek, maar het gaat financieel ook zo fijn.

Het gaat zo goed dat ik dit vanavond eigenlijk al niet meer hoef te doen. Het gaat zo goed dat ik onlangs van mijn verzekeringsmaatschappij, La Vie d'Or, een AIDS-test heb moeten afleggen en die is heel positief uitgevallen.

Ik kwam thuis en zei tegen mijn vrouw: 'Gefeliciteerd. Je hebt niet gerommeld.'

Mijn vrouw vindt dit niet zo'n leuk grapje, maar dat komt omdat mijn vrouw een beetje humorloze trut is.

Het aardige is dat als ik zeg dat mijn vrouw een humorloze trut is, het helemaal niet zeker is of dat wel zo is. Want ik zeg het hier op het toneel, dus het zou best bij mijn tekst kunnen horen. Dat hoop ik zelf ook al jaren, maar het blijft dus in het midden of het ook echt zo is. U echter

6

kunt het nooit zeggen, terwijl er hier vanavond in de zaal een groot aantal mannen zit met een behoorlijk humorloze trut naast zich.

U denkt nu: hoe weet die gozer dat?

Een bril!

Zo moet je dus ontzettend goed opletten: welke grap vertel je *waar*.

Voordat ik met dit programma in première ging heb ik een aantal try-outs gegeven. Dan oefen ik hier en daar op wat boeren. Zo was ik in Zeeland op het eilandje Tholen. Ik kom daar het toneel oplopen, kijk die zaal in en denk: nou, ik kan hier wel even wat polio-mopjes uitproberen. Ja, ik was er toch. Ik had een heel klein gedichtje gemaakt.

De familie staat rond het kinderlijkje te bidden
en de dominee zegt: 'Kijk, de waarheid ligt weer in het midden.'

Ja, ik vond het ook mooi, maar die hele zaal bleef mij nogal oningeënt aan zitten kijken. Vroeger werd ik daar nerveus van, dan ging ik heel gauw moppen tappen, maar tegenwoordig denk ik: fuck you.

Hup, tanden in die gereformeerden en schudden. Dus ik maakte gauw nog een mopje en zei:

Je zal nu een klein baby'tje zijn, je hebt polio, over een jaar of twintig hang je ergens in een invalidenwagentje in een revalidatiecentrum op de Veluwe, dan komen je ouders op bezoek en dan denk ik toch dat je heel graag je middelvinger naar ze op wil steken...maar dat kan je niet.'

Het bleef doodstil in die zaal, maar ik dacht: misschien kunnen ze zelf ook niet klappen.

Komt na afloop de directeur mijn kleedkamer binnen en zegt: 'Nou meneer Van 't Hek, 't ging niet echt lekker hè?'

'Nou, ik had er zelf wel lol in.'
'We zijn hier nogal van de zwarte kousen.'
En hij liet me toch een paar geile netkousen zien!

Ik sta vorige week mijn dochter te besnijden, gaat de telefoon: Woody Allen!
Hij zegt: 'Goh Youp, heb jij kinderen?'
'Ja, twee.'
'Hoe laat gaan die naar bed?'
'Een uur of half acht.'
'Zo, dan lig je er ook al vroeg in.'

Ik werd gebeld door Michael Jackson en die vroeg: 'Hé joh, waar ligt Epe?'

Ik stond vorige week op de weegschaal en was een kilo aangekomen, maar dat kwam omdat ik op dat moment een erectie had.
Volgens mijn vrouw heb ik deze grap verzonnen.
En dat is ook zo, want we hebben geen weegschaal.

Ik bracht mijn moeder naar een bejaardentehuis en dat wou ze niet, maar ik zei: 'Jij hebt niks te willen!'
Die leg ik even uit.
Toen ik een jongetje was van een jaar of vier zei ik op een dag tegen mijn moeder: 'Mama, ik wil een snoepje.'
'Jij mag geen snoepje.'
'Maar ik wíl een snoepje.'
'Jij hébt niks te willen!'
En toen dacht ik: die krijg je een keer terug!
En daar heb ik lekker mee gewacht.

Nou kon ik laatst haar huis goed verkopen, dus ik breng mijn moeder naar het bejaardenhuis, kom daar binnen en zeg tegen de directrice: 'Goedemorgen, heeft u hier een fax?'

'Ja, hoezo?'

'Nou, da's handig op eerste kerstdag!'

Dit is dus een beetje mijn humor, en hiermee reis ik al een aantal maanden door het land en trek overal volle zalen. Je krijgt er ruwe handen van, maar ik trek ze wel.

Gisteravond kwam er na de voorstelling een vrouw naar me toe, die zei: 'Meneer Van 't Hek! Al die seks, dat heeft u toch niet nodig?'

'Nou', antwoordde ik, 'als 't maar niet met u is.'

Er is wel iets raars aan de hand. Ik heb u verteld dat het goed met mij gaat, het gaat echt fantastisch. Overal volle zalen, ik word door bijna iedereen herkend, goeie recensie in *De Telegraaf*, kortom: het gaat heerlijk met me. Alleen zijn de laatste jaren allerlei mensen mij leuk gaan vinden, waarvan ik zelf nogal eens denk: het hoeft toch niet wederzijds te zijn.

Dat vindt u toch niet raar, dat ik dat zeg?

Ik kom 's avonds het toneel oplopen, kijk de zaal in en denk: dus dit vindt mij tegenwoordig leuk!

Dat vindt u toch niet raar? Ik begrijp namelijk niet zo goed waar u vandaan komt. Een aantal jaren geleden speelde ik ook in Amsterdam, deed niets anders dan wat ik nu doe, maakte toen ook de zaal uit voor een container boerenlullen, maar in de pauze liep de helft weg.

Ik zie ze nog gaan.

Alle zes.

Die gingen weg, onder het motto: Ik pik het niet!

En straks maak ik u weer uit voor een container boeren-lullen, en zegt iedereen in de pauze: 'Jaaah, lollig hè?'

Dat is toch raar, want als je nu bij mij wegloopt in de pauze onder het motto 'ik pik het niet' dan ben je een slappe zak! En dat is ongeveer het ergste wat de boerenlul kan overko-men! Maar toch is het raar, want er is dus aan mij niets ver-anderd. Kijk, vijftien jaar geleden ben ik een cabaretje be-gonnen. Waarom ben ik ooit een cabaretje begonnen? Om de wereld te verbeteren. En de enige die er echt beter van geworden is...

Ik zei laatst tegen mijn vrouw: 'Het is wel een hele kleine wereld!'

Maar toch loopt er nog altijd ergens in de verte een jonge-tje door mijn hoofd...

Ergens in de verte loopt een jongetje door mijn hoofd
een mannetje van amper vijftien jaar
hij twijfelt over alles, over God en over dood
en hij worstelt met één vraag: Wat is er waar?

Ergens in de verte loopt een jongetje door mijn hoofd
en ik zie hem in zijn puberaal gezwoeg
honderdduizend vragen waar het antwoord nooit op komt
maar het vragen, dat is eigenlijk al genoeg.

Ergens in de verte loopt een jongetje door mijn hoofd
een mannetje waar ik zo veel van snap
hij twijfelt, twijfelt, twijfelt, over alles wat er is
en zegt daarom alles voor de grap.

Ergens in de verte loopt een jongetje door mijn hoofd
en dat mannetje wordt eigenlijk nooit groot
hij stelt wel de vragen, maar er is geen antwoord op...
nou ja hij weet er één: dat is de dood.

Toen ik een jaar of twaalf was, woonde ik op de grens van Naarden en Bussum. Het mooie van op de grens van twee dorpen wonen is dat je dan ook twee kermissen hebt. En als je, zoals ik, gek bent op kermis dan is dat zeker meegenomen. De kermis van Bussum kan ik mij beter herinneren dan die van Naarden, want de kermis van Bussum was groter. Als de kermis werd opgebouwd, aan het Haventerrein, dan stond ik aan de Brinklaan met een paar vriendjes te wachten tot de kermis klaar was. En als hij klaar was, renden we die kermis op en kozen wij allemaal onze eigen attractie.

Het leuke is dat de attractie die we toen kozen te maken had met later.

Voorbeeld: het jongetje dat toen als eerste in de zweefmolen zat is later behoorlijk aan de hasjies gegaan.

Ander voorbeeld: Het jongetje dat toen als eerste bij de gok-automaten stond, is nu gokverslaafd. Ik kwam hem laatst tegen in de Amsterdamse binnenstad en zei tegen hem: 'Hoe is het met je?'

'Het gaat niet goed Youp.'

'Wat dan?'

'Ik ben gokverslaafd.'

'Dat is heel erg voor je.'

'Ja, maar ik kom er weer van af.'

'Dat schijnt niet zo makkelijk te zijn.'

'Nee, maar mij lukt het. Wedden?'

Zelf wilde ik altijd perse naar de waarzegster. Ik wilde weten hoe de rest van mijn leven zou lopen. Ik keek altijd wel even of het een goeie was, klopte eerst aan en als ze dan riep 'wie is daar?', dan dacht ik: laat maar.

Ik ging daar naar binnen en vroeg: 'Mevrouw, hoe zal mijn verdere leven lopen?'

'Jij? Vrouw, kinderen, schoonmoeder, Opel Vectra.'

Het was dus een goeie waarzegster, want de Opel Vectra had je toen nog niet. Maar het is natuurlijk wel het schrikbeeld van de boerenlul: vrouw, kinderen, schoonmoeder, Opel Vectra...

Ik dacht: als ze nog even doorgaat krijg ik ook nog lamellen voor m'n ramen, in de kersttijd zo'n driehoekje met elektrieke kaarsjes en als je niet uitkijkt zit je op een goede dag ergens met je schoonouders te steengrillen. In trainingspak. Dat zijn toch schrikbeelden. Ik wilde alles worden behalve een boerenlul.

In die tijd had ik samen met twee vriendjes, Charly en David, een bunker. En het was niet mijn bunker, maar de bunker van boer Buitendijk. Hij lag in de schaduw van het Naardermeer en voor ons was die bunker heilig. Want daar mochten wij van onze ouders niet komen en daarom was het zo fantastisch om daar naar toe te gaan. Als we er heen gingen was dat een avontuur. Windend van de zenuwen kropen wij er heen. *Zenuwgas* noemden we dat. Drie van die knetterende knaapjes op een rij. En het grootste obstakel dat we moesten nemen was die Buitendijk zelf. Dat was zo'n gereformeerd stuk mestoverschot. Als die gozer je zag dan schopte hij je van het erf af. De enige dag dat we veilig langs hem konden komen was op zondag, want dan mocht hij niet naar buiten. We noemden hem ook nog wel eens Binnendijk. Maar dan stuurde hij altijd de hond op ons af. Hij had zo'n hond, die moest waken over de bunker en dat was zo'n oude Duitse herder. Met een helm op. Die kwam dan op ons af en dan riep hij: 'Demjanjuk, pak ze!'

Wij stonden daar, bang natuurlijk.

Wij riepen terug: 'Hé Buitendijk, die hond is wel aan 't werk nu op zondag. Is die hond niet gereformeerd?'

Dan zei hij: 'Nee.'

Maar die hond was wél gereformeerd, want hij is later weer overleden aan polio.

In dat bunkertje zaten Charly, David en ik altijd uren en uren en uren met elkaar te praten. En dan lulden we over schitterende boeken, over prachtige muziek, over dicht-regels waar je je in het leven aan vast kan klampen en over onnavolgbare schilderijen. Eigenlijk hadden we het alleen maar over dingen waar je niks aan hebt. In dat bunkertje wisten wij één ding zeker en dat was dat wij nooit, maar dan ook nooit, zouden worden zoals onze ouders. En twee regels van onze ouders zouden wij zeker niet over-nemen.

De ene regel was: *Dat is nou eenmaal zo.*

En de andere regel: *Omdat ik het zeg.*

En het mooie was altijd dat wij nooit tegen elkaar zeiden: 'Hoe wil je later leven?'

Wij zeiden altijd tegen elkaar: 'Hoe wil je later sterven?'

En met sterven bedoelden we dan niet: welk ongeluk krijg je of welke ziekte zal je mangelen, nee, met sterven bedoelden wij de tiende seconde waarin het leven ooit definitief zal stoppen. Dan gaat het licht uit of dan gaat het licht aan. Dan sta je in principe aan de kassa van de super-

markt die 'Leven' heet. En wat heb je op dat moment ver-
zameld in je wagentje? Met andere woorden: wat doe je
eigenlijk met dat ene leven? David was de slimste van ons
drieën, die zei altijd: 'Weet je wat leven eigenlijk is? Leven
is een kwestie van niet willen sterven.'
Dat klinkt heel erg simpel, maar ik denk dat het zo is. Leven is een kwestie van niet willen sterven.
Stel dat er hier vanavond een gek in de zaal zit die naar
voren komt met een mes en dat in mijn rug jast. U denkt
nu: da's onzin, dat gebeurt niet.
Nee, ik denk het ook niet, maar het is die tennisspeelster
Monica Seles ook gebeurd.
Nu zult u zeggen: 'Dat was in Duitsland.'
En dat is waar.
In het begin dacht iedereen dat het was omdat ze oor-
spronkelijk Servische is. Ik wist dat niet eens; ik vond wel
altijd dat ze hard kon slaan.
Maar leven is een kwestie van niet willen sterven.
Laat ik een ander voorbeeld geven. Straks gaat er iemand
staan met een mitrailleur en die roept: 'Hé, Van 't Hek,
ik schiet de ballen uit je broek!' Hij moet goed kunnen
richten, maar dan ben ik wel zo weg. Want, ik wil niet
sterven.
Als ik op dit moment zou barsten van de honger – dat is
niet zo, want het gaat fantastisch met me – en ik zou weten
dat u eten bij u zou hebben, dan zou ik op mijn laatste
krachten naar u toe kruipen, omdat ik absoluut niet dood
wil.
Ik zou u dan smeken: 'Heeft u misschien een beetje eten
voor mij?'
U zou waarschijnlijk denken: hallo, hier is de grens, je
bent illegaal.

Dat kan ik me ook wel weer voorstellen.

De vraag is dan ook: moet u mij eten geven?

Ik denk het niet.

U heeft zelf ook uw eigen onkosten. U heeft net Sinter-klaas achter de rug, er staan een paar dure kerstdagen voor de deur, we willen allemaal weer wintersporten. Stel, dat je niet op wintersport kan omdat je een paar hongerigen te eten hebt gegeven. Dat is toch uiterst irritant.

Stel, je gaat op wintersport en je staat klaar op Schiphol met een paar van die ski's en je hebt zo'n pak aan en zo'n Carrera-bril en je staat niet echt voor lul want je bent met een groepje. Maar wat mij nou zo vervelend lijkt, dat net op het moment dat je met je ski's die slurf naar het vlieg-tuig in wilt, dat op zo'n moment een kratje van die Soma-liërs naar buiten komt kruipen. Dat lijkt me de pret zó drukken. Je bent net lekker in die krokusvakantiestem-ming en daar heb je hen ook weer...

En als ze ook nog aan je ski's gaan knagen.

Stel nou dat je met aangeknaagde ski's op wintersport moet. Dat is toch uiterst irritant?

Er is iets raars aan de hand; ik zal het u proberen uit te leg-gen.

Vanavond treed ik voor u op.

Wie ben ik?

Ik ben een man.

Ik ben een man van veertig jaar.

Vader van twee kinderen.

Mijn kinderen liggen op dit moment ergens in de verte, in de Amsterdamse binnenstad te slapen.

Ik vertel u vanavond een aantal grappen en verdien daar-mee mijn brood.

Zelfs zoveel brood dat ik een deel zou kunnen beleggen. Elke avond als ik optreed besef ik dat Nederland een van de laatste plekken aan het worden is waar dit soort avonden, dit soort grappen, dit soort humor nog kan.

Ik bedoel: er is iets aan de hand.

Er gaat een of andere veenbrand door Europa.

De nieuwe Hitler in Rusland is democratisch gekozen, de kleindochter van Mussolini is bijzonder populair...

Er zijn weinig Turken in Duitsland die om een vuurtje durven te vragen. Hoeven ze ook niet echt, geloof ik. Er zijn al Turken die roepen: 'Ik rook niet.'

'Nee, maar straks wel.'

Wat ik alleen maar zeggen wil is: we staan aan de voor-avond van een of andere ongelooflijke catastrofe. En af en toe heb ik het gevoel dat er binnenkort een gigantische knal komt, maar dat niemand het daar over wil hebben. Ik begrijp dat niet zo goed. Ik begrijp niet dat je daar niet echt met iemand over kan praten.

Ik volg alles op de televisie. We hebben nu vijf Neder-landse netten op de kabel. Heeft men het er op een van die zenders over dat we aan de vooravond staan van een enorme knal? Absoluut niet.

Ik zap me suf.

Dan kom ik op RTL-4 en daar zit een man tijdens een quiz in een soeplepel. Die man is heel nerveus, want hij gaat binnenkort trouwen. Onder hem is een heel groot bord met soep. Ze vragen aan die man hoeveel drie keer drie is?

Hij roept in zijn zenuwen: 'Elf.'

Er gaat een zoemer zodat het publiek weet: dat is níet goed. En dan flikkert die man in de soep en klappen vijf-honderd demente familieleden hun handen stuk.

Wij kijken daar naar en zeggen: 'Ja, goed hè?'

Dan zap ik door en kom bij 'Karel'. Op dat moment doet Maarten 't Hart *creatief met jurk,* zit uit te leggen dat hij de maandelijkse menstruatie zo mist en dat hij het liefst beide boekenballen kwijt is. Dan zap ik over naar 'Ursul de Geer'. Kent u die? Dan moet ik altijd mijn afstandsbediening ingedrukt houden, want zelfs mijn TV wil dan door. Ik wilde Ursul laatst op de video opnemen. Toen ik de band er in deed, kwam hij er zo weer uit, en zei: 'Fuck you, daar ben ik geen video voor geworden.'

Maar ik volg alles. Dan kijk ik naar 'All you need is Love'. Heeft iemand dat al eens gezien? Dat er zo'n zingende postnatale depressie de trap af komt zeilen?

Je zou toch bijna die Serviërs bellen en zeggen: 'We hebben hier ook nog wel een klusje, hoor.' Niet te geloven. Dan zap ik door naar 'Lolapaloeza'. Daar wordt mij dan door de VPRO uitgelegd hoe ik als dertiger kan klaarkomen met een veertje. Ja, leg dat maar op de weegschaal. Er komt bij mij geen kilo bij, kan ik u zeggen. Of het moet toevallig een metalen veertje zijn, maar dan is het weer SM. Ik zou dus heel graag SM willen zijn. Ik ben het niet, maar ik zou het heel graag willen zijn. Weet je waarom? Ik ben nogal verstrooid en ik ben vaak mijn sleutels kwijt. En als je SM bent heb je altijd in je tepel nog een reservebosje hangen. Als je SM bent kun je nog eens aan je vrienden vragen: 'Zijn jullie lang blijven hangen op de club?'

Ik volg niet alleen de televisie, maar ik lees ook alle bladen. En als ik zeg bladen, dan heb ik het niet alleen over het grachtengordelnieuws à la *Vrij Nederland,* HP/*De Tijd,* NRC, nee echt alles. Ik lees ook alle damesbladen. De *Viva,* de *Elle,* de *Cosmo,* de *Flair,* de hele flikkerse boel. Ik weet niet of je die een beetje volgt de laatste tijd? Nou daar ligt op het ogenblik heel Nederland in te pijpen, te beffen, te rukken, te neuken, te vingeren, te boffen (dat is als je niet hoeft te beffen), het is echt niet te geloven. Heel Nederland neukt zich zo langzamerhand naar die derde wereldoorlog toe. Vorige week stond er in een van die blaadjes: 'De ene helft van Nederland is nu lesbisch en de andere helft man.' Dus ik riep naar mijn vrouw: 'Is dat zo?'

'Ja!', riep de buurvrouw.

Gek word je er van.

Ik ben een jaar of vijf geleden getrouwd, maar mijn huwelijk is niet zo'n succes, toch doe ik naar buiten toe altijd alsof het wél leuk is. Misschien herkent u dat een beetje? Dat je thuis volslagen uitgeluld bent, maar zo gauw je anderen ziet dat je dan net doet of je het samen erg leuk hebt. Bij mij thuis is dat ook zo. Bijvoorbeeld op zaterdagochtend, dan doe ik heel vrolijk de boodschappen en op dat moment ligt mijn vrouw haar vriendin te poetsen, maar dat laat ik dus niet merken, begrijp je? En mijn vrouw heeft dan het boodschappenlijstje gemaakt en hoe langer het lijstje, hoe langer zij kan poetsen. Afgelopen zaterdag stonden er ineens 'twee beflapjes met een kutsmaak' op. Ik wist ook niet wat dat waren en dacht: dat zullen wel bieflapjes moeten zijn. Dus ik ga met de kinderen de slagerij binnen en zeg: 'Dag mevrouw Van Kampen, mag ik van u twee bieflapjes?'

'Meneer Van 't Hek, moeten dat geen beflapjes zijn?'

Waarop mijn zoontje zegt: 'Zie je wel, lul!'

En dat is eerlijk gezegd een beetje het gevoel dat ik heb. Dat iedereen alleen maar met zichzelf bezig is. Als mijn wintersport maar doorgaat en als ik heel eerlijk ben en goed in alle kamers van mijn hart kijk, dan zal het me eerlijk gezegd ook een beetje aan mijn reet roesten hoe het met de wereld gaat. Als het met míj maar goed gaat. En het gaat met míj fantastisch.

Alleen m'n huwelijk gaat dus niet echt lekker.

Daar wil ik verder heel kort over zijn. Mijn huwelijk is een beetje mislukt. Jarenlang heb ik gestreden om géén getrouwde lul te worden.

Weet u wat ik daarmee bedoel? Dat je aan iemand ziet: het is er één van een echtpaar. Of nog erger, dat je aan iemand ziet: het is er één van een *erg* echtpaar. Weet u wat een *erg* echtpaar is? Dat is een echtpaar dat op zaterdagmiddag samen kleren koopt. Voor hem. Dan ben je echt zo'n lul. Als je op zaterdagmiddag met je vrouw de stad in gaat om kleren te kopen. En als er nu mannen zijn die denken: ach, één truitje. Ook niet één truitje. Nog geen sokken!

Weet u wat ook héle erge echtparen zijn? Dat zijn echtparen die in de *wij*-vorm praten...

Die straks in de pauze zeggen: 'Vonden *wij* ook niet nodig, van die beflapjes.'

Wat nou *wij*?

Een wei daar staat een hek omheen, zodat de stier er niet uit kan.

Nee, die begrepen *wij* ook niet meteen hoor.

En weet u wat ook héle erge echtparen zijn? Dat zijn echtparen die over elkaar praten.

Hij over haar of zij over hem.

Dan zegt zij bijvoorbeeld: 'Mijn man mag van mij best.'

Je moet eigenlijk Amnesty bellen! Mijn man *mag* van mij!

En dan te bedenken dat iedereen met zijn tweede keus is getrouwd. Niemand zit hier met zijn échte grote liefde.

Dit is geen leuk moment. Dit is het moment dat u denkt: ik vind 'm op TV leuker.

De echte grote liefde, met wie je eigenlijk hier had willen zitten, zit op dit moment ergens anders. Alleen daar lul je nooit meer over. Je zegt nooit 's avonds tegen je vrouw: 'Weet je nog wel Annie, dat ik jou eigenlijk helemaal niet moest.'

Dat zeg je niet.

En zeker niet waar de kinderen bij zijn.

Je zegt nooit waar de kinderen bij zijn: 'Kennen jullie tante Trudy uit Hoofddorp? Nou, daar had papa het wel wat liever mee gedaan.'

Dat zeg je niet. En als je straks de pauze in gaat en je man zegt: 'Nou, bij ons niet hè lieverd?', dan is het zeker zo!

Binnen die totale twijfel over mijzelf en over de wereld en wat er zo aan de hand is, denk ik vaak: kon ik nog maar één keer naar de bunker van boer Buitendijk. Kon ik nog maar één keer met mijn vrienden Charly en David hardop zeggen: 'Ik ben eigenlijk een beetje bang.'

Maar dat kan niet meer. U denkt: de bunker is weg.

Nee, David is dood.

David was mijn beste vriend en David is niet zo lang geleden gestorven. Hij kreeg een bultje in zijn nek, vond dat raar, ging naar de dokter, die vond dat ook raar en stuurde hem naar een specialist. Die stuurde hem naar het ziekenhuis en twee maanden later was het gedaan. Twee maanden plus drie dagen om precies te zijn. Na een maand kwam hij thuis van het zoveelste onderzoek en zei tegen zijn vrouw: 'Ik heb de indruk dat ze me hebben opgegeven.'

Dat is een rare tekst, als je dat ooit moet zeggen.

Zijn vrouw heel optimistisch: 'Ik heb de indruk dat het niet zo'n goed ziekenhuis is.'

Het bleek dus een heel goed ziekenhuis te zijn. Hij ging gewoon dood.

Als ik heel eerlijk ben vond ik het wel mooi: ziek en daarna dood. Het heeft iets. Ziek en daarna dood.

Ik ken er heel veel die ziek zijn geweest, die kom je daarna tegen en je vraagt: 'Hoe is het?'

'Ja, ik ben weer beter!'

Dan ben je ook niet ziek geweest, denk ik dan.

Ik kom uit een groot gezin.

Wij noemden dat thuis 'niet lekker'; dat is iets heel anders.

Maar ziek en daarna dood. Ik vind dat wel mooi.

Het leuke is namelijk, dat als je met iemand praat waarvan je weet dat-ie doodgaat (eigenlijk praat je daar altijd mee), je ineens hele andere gesprekken krijgt. Je lult niet meer over Ajax of over wintersport of weet ik veel wat...

Je krijgt andere gesprekken.

Wat gebeurt er als je dood bent?

Gaat het licht uit?

Of gaat het licht aan?

Niemand weet het hier.

Nee, gelukkig niet.

Anders ben je dood.

Het aardige was dat ik dacht dat ik er tegen zou kunnen: het moment dat ik zou horen dat hij dood is. Toen de telefoon ging en zijn broer mij vertelde dat hij was overleden, toen brak ik...

Het was gedaan. Ik kwam de volgende dag de rouwkamer binnen en ze hadden hem al afgelegd. Dan hebben ze je

volgestopt met watten en is het echt helemaal klaar. Omdat het een hele warme dag was, het was 28 juli, hadden ze een koelinstallatie onder de kist gezet. Omdat je anders een beetje gaat liggen ruften in je kist. Dat is niet zo lekker. Dan denk je: hij ligt er mooi bij, maar wat een putlucht. Dat is irritant, zeker als je je hele leven al uit je bek hebt gestonken. Heb je je hele leven al uit je straatje lopen riolieren en dan lig je uiteindelijk ook nog een beetje uit je kist te heumen. Daar heeft de begrafenisbranche het volgende op gevonden: Een koelinstallatie met een thermostaatje en als het dan te warm wordt dan springt er een motortje aan. En die man in de rouwkamer zei: 'Als er bezoek komt moet u wel even de koelinstallatie uitzetten.'
'Hoezo?'
'Nou als er iemand in de kist kijkt en op dat moment springt de koelinstallatie aan, dan wil de kop van het lijk nog wel eens schudden en er zijn mensen die kunnen daar niet zo goed tegen.'
Ik zat daar in die rouwkamer en ik wist absoluut niet wat ik zeggen moest. Daar lag opeens mijn beste vriend. Dood. Waarom is iemand je beste vriend? Weet ik niet. Ik ken mensen die kunnen uitleggen waarom ze van hun vrouw houden. Deugt niet, denk ik dan. Dat kan je niet uitleggen. Ja, ik kan wel zeggen wat we deden; we vertelden elkaar moppen, we gingen vaak naar Ajax, we dronken bier op momenten dat het niet nodig was, we dronken altijd bier. Ik weet het niet. Wat moet je doen als je beste vriend dood is? Een gedicht? Een bos bloemen? Eén roos? Een hele bloemenkar? Alles is onzin. Ik stond daar en ik wist absoluut niet wat ik moest doen. Ik was daar helemaal alleen in die rouwkamer. Vroeger vertelden Da-

vid en ik elkaar altijd moppen, dus ik dacht: gewoon nog één mop en dan weg. Raar? Ja! Dat weet ik ook wel, als je aan het lijk in de rouwkamer een mop gaat staan tappen. Dat is een beetje vreemd. Komt er iemand binnen en vraagt: 'Wat ben je aan het doen?'

'O, ik vertel nog even een klein mopje. Vindt hij lekker.'

Ik zeg: 'David, één mop, en dan ben ik weg.'

Er was eens een echtpaar, dat wilde heel oud worden, net als jij. Alleen, ze deden er wél alles aan. Ze aten alleen maar hele gore margarine en van die knoflookpillen en anti-cholesteroldragees. Gadverdamme, maar heel gezond! En ze gingen één keer per dag hardlopen. Op een dag werden ze met z'n tweeën tegelijk hartstikke dood gereden. Grappig, maar nog niet klaar. Ze kwamen boven in de hemel en daar stond Petrus aan de hemelpoort. En daar stond werkelijk wat je noemt een schitterende bungalow, met een binnenbad, buitenbad, negen man personeel, vier limousines, een hagelwit strand, een azuurblauwe zee, een heleboel palmen waar allemaal klootzakken van die Bounty's stonden te hakken, kortom: één doorlopende Bacardi-reclame met allemaal vlotte jongelui, die ik niet zo goed kan nadoen, maar het was echt prachtig. Die man en vrouw zien die bungalow en zeggen tegen Petrus: 'Zo, die is mooi! Welke Limburgse burgemeester woont hier?' Echt, zó mooi hè!

Petrus zegt: 'U begrijpt het niet helemaal, maar u bent zojuist overleden en dit is de hemel.'

Man: 'En wat kost me dat?'

Petrus: 'Het is lullig als u voor geld heeft geleefd, want geld bestaat niet meer in de hemel. Dit is helemaal gratis.'

Vrouw: 'Ja, en hoe lang kunnen we hier dan blijven?'

Petrus: 'Tijd bestaat ook niet meer in de hemel. Dit is van u, gratis en voor altijd, dus: geniet ervan. Trouwens, mijn pieper gaat, er komt een nieuw ongeluk binnen. Ik wens u echt ontzettend veel geluk.'

Petrus is nog niet weg of die kerel zegt tegen z'n wijf: 'Jij godverdomme altijd met je teringcholesterol! Dit hadden wij dus járen eerder kunnen hebben!'

En toen was het klaar en toen was het gespeeld en ik zei: 'David, of we elkaar ooit terug zien, jij bent de enige die het weet. Als je me kan horen; het ga je goed.'

Ik liep de rouwkamer uit en in de deuropening botste ik op Bart. Bart was een oude klasgenoot en de laatste die ik daar had verwacht. Omdat Bart en David altijd, maar dan ook altijd, ruzie hadden. Daarom vond ik het wel heel knap van Bart dat hij gekomen was. Hij had ook een heel mooi zwart pak aangetrokken.

Ik zei tegen hem: 'Bart, dit vind ik dus echt héle grote klasse. Dit noem ik nou karakter dat juist jij gekomen bent.'

Waarop hij zei: 'Nou, het is gewoon m'n werk hoor.'

'Jij werkt bij de begrafenisondernemer?'

'Ik bén de begrafenisondernemer.'

'Goh, ontzettend leuk zeg, een eigen zaak, wie droomt er niet van?'

Ja op dat moment flitsten er wel allerlei dingen door m'n kop, ik dacht: wie wordt er nou begrafenisondernemer? Ik bedoel, dat ze nodig zijn dat snap ik en dat je het *bent* dat snap ik ook nog, maar dat je het *wordt*, dat begrijp ik niet. Wees nou eerlijk, je bent nog hartstikke jong, dan ga

je toch niet op een dag naar de schooldecaan en als hij
vraagt: 'Wat wil je worden?' dan antwoord je toch niet:
'Nou, een eigen begrafenisonderneming lijkt me wel
wat! Met een paar vette filialen.'
Dat is toch raar. Op welk moment beslis je nou in je leven:
ik word begrafenisondernemer? Misschien was hij op de
begrafenis van z'n schoonmoeder en dacht: ik maak van
m'n hobby m'n beroep!
Ik zei tegen hem: 'Bart, als jij begrafenisondernemer bent,
dan weet jij dus veel meer over de dood dan ik. Leg mij
eens uit. Waarom gaan altijd de verkeerde mensen dood?'
Waarop hij zei: 'Ik vind niet dat de verkeerde mensen
dood gaan. Wat ik veel belangrijker vind is, dát ze dood
gaan.'

Waarom gaan de verkeerde mensen dood?
Waarom blijven er zoveel zeikerds leven?
In mijn omgeving weet ik er meer dan zeven
Ach ik ken er zo een hele sloot
Van die types, enkel bezig met hun werk
Ze hebben maar één doel, dat is de poen
Ze willen een gigantisch saldo op hun zerk
En mogen door, door tot het miljoen

Waarom gaan de verkeerde mensen dood?
Ik heb al veel te veel vrienden zien sterven
En inderdaad: daar viel geen spie te erven
Maar hun vriendschap was zo ontzettend groot
Lachen om die mop in het café
Of samen naar het Ajax-stadion
Gewoon een pilsje met z'n twee
Stinkend rijk met negen stralen zon.

25

Waarom gaan de verkeerde mensen dood?
Juist jij, Susanne, met wie ik zo moest praten
En bij praten hebben wij het niet gelaten
Wij maakten van de vreugd steeds hoge nood
We moesten regelmatig deserteren
Parijs: een smal en hoog hotel
Maar nu ben je er niet meer
En ik roep iets te hard: 'Ik red me wel.'

Waarom gaan de verkeerde mensen dood?
Waarom zit God zich steevast te vergissen?
Hij haalt steeds degenen die ik niet kan missen
En dat aantal is inmiddels veel te groot.

Maar ja, ik moet ook niet overdrijven
Want het maakt me ook een stukje minder bang
Als de zeikerds wat langer mogen blijven
Leef ik tenminste zélf lekker lang.

Het gaat bij mij vaak over de dood. Dat is niet alleen in het theater zo, maar ook bij mij thuis. Als ik 's avonds laat met mijn vrouw nog wat zit te praten dan zeg ik op een gegeven moment: 'Wat doen we? Flesje wijn, of zullen we lekker naar bed gaan?'
'Flesje wijn!'
Op een gegeven moment zitten we tegen de droesem van zo'n derde flesje aan te kijken en zijn we een beetje uitgeluld over de kinderen, zeker als er geen bezoek is. Hoewel? We zijn bij ons thuis altijd vrij snel uitgeluld over de kinderen. Dat komt omdat wij niet zulke leuke kinderen hebben. Het is niet zo leuk om dat te moeten vertellen,

maar wij hebben een beetje van die net-niet-eikeltjes. Er komt niks uit, helemaal niks. Dat is jammer, want we hebben veel vrienden, die ook kinderen hebben, maar dat zijn juist hele leuke kinderen. Zij hebben ook hele gekke anekdotes over hun kinderen. Die kinderen zeggen hele goede dingen op het juiste moment. Bijvoorbeeld: 'Weet je wat hij toen zei tegen de juf?' En dan komt er iets flitsends. Terwijl als die van ons iets zeggen... Wij lenen nu wel eens een anekdote van andere mensen en doen alsof onze kinderen dat hebben gezegd. Daar moet je dus ook weer mee uitkijken, want welke anekdote vertel je aan wie? Als voorzorgsmaatregel hebben we aan de binnenkant van de kelderkast een heel schema hangen dat als díe komt dan vertellen we dát.

Maar op de één of andere manier eindigt het bij ons altijd met de dood. Mijn vrouw kan hele mooie dingen zeggen over de dood. Laatst zei ze: 'Het zal mij benieuwen wie er van ons tweeën als eerste gaat.'

Prachtig, dacht ik toen. Prachtig! Waar haalt ze het vandaan! Laatst ging ze nog een stap verder: 'Laat mij maar eerst gaan, dan blijf ik tenminste niet alleen.'

'Goed idee', zei ik toen.

Dit vindt mijn vrouw niet zo'n leuk grapje.

Afgelopen zomer zat mijn vrouw mijn teksten weer eens door te bladeren. Op een gegeven moment zegt ze: 'Wat moeten al die mensen eigenlijk wel niet van mij denken!'

'Niet zeiken, je vreet er ook van', zei ik toen.

Maar toch! Op de een of andere manier eindigt het bij ons altijd met de dood. Niet alleen thuis, of in het theater, maar ook als ik op tournee ben. Dan zit ik na de voorstelling op mijn hotelkamer met zo'n bosje bloemen, die ik probeer in zo'n wastafelglas te krijgen en op zo'n moment druppelt het applaus nog een beetje na in mijn kop. Ik denk aan mijn succes en hoe goed het met me gaat, maar dan word ik altijd weer overvallen door het Mieke Telkampsyndroom. Het 'Waarheen-waarvoor-gevoel'. Vorige week ook: ik zat in mijn hotelkamer, en in die kamer naast me lagen ze te neuken. Nooit op mijn kamer. Altijd in de kamer naast mij. Dit was geen neuken meer, het leek wel een rituele slachting. Ze gingen tekeer! Op een gegeven moment riep ik: 'Hallo, kan het een beetje zachter?' Riep die man: 'Jawel, maar dat vind ik niet zo lekker!' Die vrouw: 'Maar ik wel!'

Meteen brak de hel los; ruzie! Ze sloegen elkaar met de beflapjes om de oren. En schelden! Hij was een seksist, zij een koelbox, hij een frusti, zij een onecht kind van Jenny Goeree en Hirsch Ballin. Daarna gingen ze het weer goedmaken. Neuken jongen!

Het enige wat ik kon doen, was die vrouw aan de andere kant van die muur fantaseren.

Vrouw aan de andere kant van de muur bedrijft de liefde.
Met wie gaat zij tekeer?
Met haar man?
Of gaat ze vreemd?
Zo te horen gaat ze vreemd.
Misschien gaat ze vreemd met haar man door verandering van entourage.
Raakt zij zwanger?
Interessante vraag.
Raakt zij zwanger van de man met wie zij de liefde bedrijft op kamer 213 van het Amsterdamse Amstel Hotel?

Want daar was het.

Het gaat heel goed met mij!

Ja, zij raakt zwanger van de man met wie zij de liefde bedrijft op kamer 213 van het Amsterdamse Amstel Hotel.

U zult zich afvragen: hoe weet je dat ze zwanger raakt?

Dat komt omdat ik de schrijver van het stuk ben, dus is het ook heel makkelijk om die vrouw zwanger te maken.

Als je een beetje kunt typen heb je een vrouw zó met twee vingers zwanger.

Je typt eerst een hotelkamer, dan een man, dan een vrouw, dan zwanger.

Gewoon Wordperfect.

Kom je er niet uit? F3!

Niks aan de hand.

Deze vrouw raakt zwanger en over negen maanden krijgt ze een kind.

Dat kind wordt een dochtertje en dat dochtertje noemt ze Angela.

En Angela wordt altijd met de grootste liefde en de grootste wijsheid en de grootste vrijheid opgevoed.

Angela wordt een pracht van een meid, echt een dijk.

En er zal een dag komen, dat ook Angela voor de eerste keer de liefde bedrijft.

Laten we zeggen, Angela is achttien.

Hoewel?

Ze woont in Amsterdam!

Angela is vijftien.

Angela is vijftien en bedrijft voor de eerste keer de liefde.

Interessante vraag is dan: waar is haar moeder?

Haar moeder hoor ik nu aan de andere kant van de muur, waar Angela nog verwekt moet worden.

En waar is de moeder als Angela voor de eerste keer de liefde bedrijft?

Laten we zeggen, Angela is naar een feestje en moeder zit thuis te wachten.

Ze kijkt op haar horloge en denkt: het feestje is al lang afgelopen.

Maar Angela duidelijk nog niet.

Moeder hoort de brommer, denkt: godverdomme, maar zegt niks. Angela komt moe binnen en moeder ziet: het is gebeurd.

Een gediplomeerd moeder ziet dat!

Maar ze zegt niks.

Moeder zegt niet: 'En, was het lekker?'

Nee, moeder zwijgt, en Angela ook.

Want Angela vond het fantastisch.

Angela gaat slapen en dromen.

Dromen over de liefde.

Ze heeft het één keer gedaan en is, net als wij allen, verslaafd.

Als Angela vijfentwintig is, bedrijft Angela nog steeds de liefde.

De vraag is alleen: als Angela vijfentwintig is, waar is haar moeder dan?

De moeder die ik nu hoor, aan de andere kant van de muur, waar Angela nog verwekt moet worden.

En als Angela vijfendertig is, dan hoop ik voor Angela dat ze het mooier heeft dan ooit.

En als Angela vijfenveertig is, dan gun ik het haar dat ze zal vonken als toen op haar vijftiende.

De vraag is alleen: waar is haar moeder dan?

De moeder die ik nu hoor, aan de andere kant van de muur, waar Angela nog verwekt moet worden.

De moeder wordt ouder en ouder en ouder.

De moeder wordt slechter en slechter en slechter.

Op een dag zal Angela haar moeder naar het bejaardenhuis brengen en informeren of ze daar een fax hebben
omdat Angela wil skiën met Kerst.

De moeder wordt ouder en ouder en ouder.

De moeder wordt slechter en slechter en slechter.

Ondertussen is het Amstel Hotel voor meer dan honderd
miljoen gerestaureerd en verbouwd.

Dat is nou de mazzel als je een gebouw bent.

Had je maar geen mens moeten worden.

En de moeder wordt ouder en ouder en ouder.

En de moeder wordt slechter en slechter en slechter.

Er komt een dag dat Angela's moeder zich de hotelkamer
in het Amsterdamse Amstel Hotel niet meer kan herinneren.

Terwijl dat niet zomaar een hotelkamer is, het is toch de
hotelkamer waar haar kind is verwekt.

Haar eigen vlees en bloed.

Daarna komt de dag dat de moeder van Angela zich de
vader van haar kind niet meer kan herinneren.

Daarna komt de dag dat Angela haar moeder bezoekt in
het bejaardenhuis en dat de moeder tegen haar bloedeigen
dochter zegt: 'Wat kan ik voor u doen, mevrouw?'

En Angela, die met zoveel liefde door die moeder is opgevoed, zegt tegen haar eigen moeder: 'U hoeft niets meer
voor mij te doen. Vanaf vandaag doen wij het voor u.'

En de moeder wordt ouder en ouder en ouder.

En de moeder wordt slechter en slechter en slechter.

Op een dag neemt Angela de breekbare arm van haar
moeder en brengt haar naar een verpleeghuis.

Daar wordt haar moeder geplaatst op een afdeling met zestig bejaarden die allemaal een Pamper om hebben.

Tot de dood ons scheidt.

De schijt is er al, alleen de dood moet nog even langskomen. Als ik zeg Pamper, dan bedoel ik niet zo'n Pamper waar ze op televisie reclame voor maken.

Op televisie zie je nooit eens een keer een verpleegster voor een hongerloontje door haar rug gaan, omdat ze een oude tandeloze man staat te verschonen met een Pamper Boy.

Oma krijgt een Pamper Girl, want oude wijven zeiken anders.

De grote vraag is: hoe wil je eigenlijk dood?

Je hebt niks te willen.

En natuurlijk, iedereen wil de hartstilstand in zijn slaap.

Maar ja, we zijn niet allemaal de Koning van België.

Hoe is je slot?

Hoe is je finale?

Wees nou toch even eerlijk.

Je meeste vrienden gaan toch kapot aan de meest gluiperige kankers?

Op een dag heb je een bultje in je nek, je gaat op de weegschaal staan en je bent afgevallen.

In het begin denk je: dat kan niet, er is wat bijgekomen, hoe kan ik nou afgevallen zijn?

Oke, geen erectie, maar het is natuurlijk toch raar.

Er is wat bijgekomen en ik ben afgevallen.

Met andere woorden: die weegschaal deugt niet.

Je gaat met die weegschaal naar Blokker en je zegt: 'Die weegschaal is niet goed.'

'U lult uit uw nek, meneer!'

'Oh is dat het!'

In het begin val je een beetje af.

Daarna komt het moment dat je definitief afvalt.

Het moment dat je definitief afvalt, dat is die tiende seconde en dan gaat het licht uit.

Of dan gaat het licht aan.

In die tiende seconde zul je je afvragen: wat was dat leven nou precies?

Want wat is dat leven nou precies?

Je drinkt eens een glas,

je geeft eens een dinertje,

je leest een aantal boeken,

je klampt je vast aan een paar dichtregels,

je gaat eens naar een voetbalwedstrijd,

je gaat eens naar het theater,

je vrijt elkaar regelmatig aan flarden,

je voedt een paar kinderen op,

je hebt een paar onnavolgbaar mooie vakanties

en aan het eind van je leven,

als je alles hebt opgeslagen op je harde schijf,

dan komt meneer Alzheimer...

En alles wat je gegeten, gedronken, gezien, gevoeld en gevreeën hebt, dat ben je kwijt.

Met vochtverlies uit al je gaten hang je ergens in een hoekje van de wereld in je rolstoel en schreeuw je: 'Waar is hier de nooduitgang, waar is hier de nooduitgang?'

Twee patiënten tonen hun stoma.

Ik kom nu regelmatig op bezoek bij de moeder van Angela.

De eerste keer dat ik daar kwam kreeg ik een soort rondleiding van een verschrikkelijk aardige verpleger.

Hij wees mij op een man, een oude man in een rolstoel.
'Die meneer, dat was een zakenman.
Hij deed nooit zaken onder het miljoen.
Die meneer at alleen in toprestaurants.
Hij sliep uitsluitend in sterrenhotels.'
Ik keek naar die man in die rolstoel en ik dacht: hij werd
vroeger waarschijnlijk ook al gereden, dus hij is het al een
beetje gewend.
'En die mevrouw?'
'Zij was een onderwijzeres van geestelijk gehandicapte
kinderen.
Zij heeft die kinderen met ontzettend veel liefde en heel
veel geduld toch nog een prachtig leven gegeven.'
Ik dacht: nou ja, goed, zij kent de sfeer.
'En die mevrouw?'
'Zij was de moeder van acht kinderen.
En zij heeft alle acht kinderen met de grootste liefde, de
grootste wijsheid en de grootste vrijheid opgevoed.'
Op dat moment dacht ik: dat zou mijn moeder kunnen
zijn.
Ik ben er zelf namelijk ook één van acht kinderen.
Ik ben zelf ook met de grootste wijsheid, grootste vrijheid
en grootste liefde opgevoed.
Anders stond ik hier natuurlijk niet.
Opeens dacht ik: dat zou mijn moeder kunnen zijn.
En ik liep naar die vrouw toe.
Je kon amper nog zien dat het een vrouw was.
Tandeloze mond,
nauwelijks nog haren op haar hoofd,
ze woog niks meer,
twee hele dunne beentjes:

een soort gekheid op twee stokjes.

Ik kwam bij die vrouw en drukte haar heel voorzichtig tegen me aan.

Ik wilde haar geen pijn doen.

Elke week als ik nu langs ga bij de moeder van Angela, loop ik ook even, achteloos, langs de moeder van acht kinderen.

Dan strijk ik zachtjes over haar wang.

En elke keer als ik wegloop, zegt zij, zo dement als ze is: 'Je laat me toch niet hier?'

Dat zegt ze soms wel drie keer achter elkaar.

Maar dat doe je dus wel.

Als ik dat parkeerterrein oversteek hoor ik achter mij dat lawaai.

Ik kijk om en zie al die oude mensen die staan te bonken op de ramen.

Al die oude mensen staan te rammelen aan de deuren.

En hou nou allemaal maar even je grote bek in deze zaal.

Want alle mensen die ook nu, op dit moment, staan te bonken op de ramen van de verpleeghuizen, hebben allemaal ooit in deze stoelen gezeten.

Die mensen hebben ook allemaal een keer gelachen om hun komiek.

En elke avond als ik optreed, en het maakt mij niet uit waar, heb ik me voorgenomen om te zeggen:

'Mocht het met mij ooit zo ver komen, dan pak ik een pistool en schiet ik mijn kop leeg.'

Elke avond dat ik dat zeg, weet ik ook dat het zo niet zal gaan.

Vergeet ik mijn pistool niet?

En zet ik het pistool tegen mijn hoofd, dan heb je grote kans dat een verpleegster zegt: 'Wat gaan we doen?'

'Ik wou er graag mee ophouden, zuster.'

'Ja, maar niet als ik dienst heb.'

'En als ik beloof dat ik zelf de rotzooi opruim, zuster?'

'U bent wel erg dement, meneer Van 't Hek.'

'Dat is mijn humor zuster. Daar heb ik vroeger mijn geld mee verdiend.

Heel veel zelfs.

Daarom ben ik de enige die hier elektriek rijdt.

Maar mag ik ermee ophouden zuster?

Als er een moment komt waarop er niemand meer op je zit te wachten en jij op iedereen... is dat niet het moment om te zeggen: 'We stoppen'?

Want laten we toch eerlijk zijn, zuster.

Wanneer komen mijn kinderen nou nog bij me?

Wanneer zijn ze voor het laatst geweest?

Zes weken geleden?

Ze houden hun jas aan.

En de autosleutels in hun hand.

Bovendien ruft het hier de hele week naar diesel omdat ze allemaal hun bloemen bij hetzelfde benzinestation kopen.

Vindt u het ook niet een mooi moment om ermee op te houden, zuster?

Ik bedoel, u bent toch zelf ook wel eens wat eerder van een feestje weggelopen?

U heeft toch een hele lange wachtlijst voor dit tehuis?

Als ik er nu mee ophoud, dan maken we meteen iemand anders gelukkig.

Of z'n kinderen.

Waarom loopt u altijd weg als ik het hier over wil hebben, zuster?

Ik mag dan wel dement zijn, zuster, maar ik spreek nog
wel gewoon Nederlands...
Zuster?
Zuster?
Zuster?'

Meneer Alzheimer, ik wil even met u praten
met mij gaat het nog goed, ik ben niet oud
in mijn gelei hierboven zitten nog geen gaten
maar op een dag, en dat laat mij niet koud,
ben ik dit lied al lang vergeten
dan weet ik niet wat ik vanavond zong
maar nu wil ik daar niets van weten
want nu ben ik nog goed... en bij... en jong

genoeg om even iets aan u te vragen
mijn probleem is echt niet al te groot
het gaat over mijn laatste dagen
als u toeslaat, zo vlak voor mijn dood
Wilt u een beetje, een beetje selecteren
zodat ik de mooie dingen wel onthou
dus als ik in mijn stoel zit weg te teren
dat ik nog even mag denken aan mijn vrouw
met wie ik zoveel jaren heb gevreeën

met wie ik zoveel uren heb gewoond
dat ik nog een beetje weet hoe we het deeën
omdat mijn eigen lijf mij dat dan nooit meer toont
ach ik wil best een hele boel vergeten
ik weet zo al twaalf vrouwen op een rij
van zeker drie zou ik de naam al niet meer weten
en de rest verzuipt ook in de grijze brij

er is meer dan genoeg om mee te nemen
pak mijn angsten, mijn wanhoop en verdriet
pak ze, ik zal ze echt nooit claimen
maar al het mooie, neem dat niet
pak mijn geld, mijn leugens en mijn ruzies
en mijn iets te vaak verongelijkte toon
maar laat aan mij een paar illusies
en de liefde voor mijn dochter en mijn zoon

en één ding mag u zeker pakken
daarvoor ben ik nou eenmaal veel te laf
misschien hoor ik daarom bij de slappe zakken
maar ik smeek u: neem mij mijn doodsangst af
zodat ik mooi en stil de wereld kan verlaten
met een knipoog naar de mijnen, zonder angst
meneer Alzheimer, valt daarover te praten?
want voor doodgaan ben ik levenslang het bangst

dus dat ik mooi en stil de wereld kan verlaten
met een knipoog naar de mijnen, zonder angst •
meneer Alzheimer, valt daarover te praten?
want voor doodgaan ben ik levenslang het bangst.

Het leven is één feest. Alleen ik hou niet zo van feestjes. Als ik de uitnodiging voor een feestje krijg, dan zie ik aan de uitnodiging al: oh, oh, dit wordt weer een herfstpartij. Oftewel, veel eikels.

Zo had ik laatst een feestje in het Amstel Hotel. Een feestje van mijn platenmaatschappij. Er moest een of andere nit-wit omhoog worden geblazen. Dat gaat makkelijker in een drie-sterren ballentent dan met een ranzig frikadelletje bij Harry's Automatiek. Ik kreeg die uitnodiging en ben allergisch voor alles wat om de showbusiness heen zit. Ik kan er niet tegen. Een platenfeestje is ongeveer het ergste wat er bij is. Ik zal het proberen te omschrijven. Kent iemand van u Rob Out? Nou, hou dat zo.

Dat zie je daar maal tweehonderd en daar scharrelt ongeveer tweehonderd keer het type Caroline Tensen tussendoor.

Het spijt me, maar ik kan daar niet tegen. Ik hou er niet van, ben heel katholiek opgevoed – dus ik kan goed liegen – en ik denk: Weet je wat ik doe? Ik bel gewoon naar de platenmaatschappij en dan zeg ik gewoon even dat ik niet kan. Ik bel naar mijn platenmaatschappij en wie neemt daar op? Die ene secretaresse. Dat moet ik even snel uitleggen: bij onze platenmaatschappij zit één secretaresse en dat is een kermis voor mijn hormonen. Als ik haar aan de lijn heb krijgen zelfs mijn veters een erectie.

En zij zegt: 'Nou Youp, ik heb ook geen zin, maar kom dan heel even. Dan gaan we daarna iets geks doen.'

Dus ik zeg meteen: 'Oké, tot zaterdag.'

Ik leg neer en deel mijn vrouw nonchalant mee: 'Ik moet zaterdag even naar een platenfeestje.'

Mijn vrouw kent mij al een paar kwartier, dus die reageert verbaasd: 'Jij naar een platenfeestje?'

'Ja, even mijn gezicht laten zien.'

Ik kon moeilijk zeggen: 'Ik ga even lekker buiten de deur neuken!'

Daarbij, wij, mijn vrouw en ik, hebben ooit afgesproken dat wij niet vreemd gaan. Mijn vrouw houdt zich daar ook aan. Wij, de Van 't Hekjes, hebben nog altijd bepaalde principes. Daar houden wij ons aan.

Zo hebben wij meer principes: bijvoorbeeld als ik gedronken heb, dan rijd ik geen auto en daar valt ook niet over te discussiëren. En dat hou ik vol.

Gewoon: dat doe ik niet.

Of ik moet een keer wat gedronken hebben, maar in principe nee.

Sterker nog: ik heb geen rijbewijs.

Als ik wat gedronken heb, dan wil ik nog wel eens in de auto stappen. Ik ben wel eens aangehouden. Die agent zei: 'Gaan wij even blazen?'

Ik kotste hem in één keer helemaal onder. Zo'n garnalen-cocktail in Brinta-vorm. Groene golf, zal ik maar zeggen. Echt helemaal...

Hij zegt: 'Blazen, gek!'

'Heb jij geen gevoel voor humor of zo?'

Even later moest ik weer blazen, zegt hij: 'Zo, u bent mooi uw rijbewijs kwijt!'

'Ik heb niet eens een rijbewijs.'

Een paar maanden later sta ik voor die rechtbank en zegt de rechter: 'Wat moet ik u nou afpakken?'

Ik mag nu een jaar lang niet met de trein.

Om een lang verhaal kort te maken: ik ging naar het feestje van de platenmaatschappij. Ik kom bij het Amstel Hotel, wandel naar binnen en inderdaad, alleen maar fout volk. Verkeerde brillen, Rolexen, faxen in hun reet en daar helemaal in de verte stond mijn secretaresse. Ik erop af, maar ik werd meteen getackled door de vrouw van de directeur van de platenmaatschappij. Dat is zo'n vreselijk wijf. Als je daarmee praat dan wordt je schaamhaar automatisch kunstgras. Zij is geen lid van de hockeyclub, zij ís de hockeyclub. Ik verdenk haar ook van een Golden

Retriever met om zijn nek een boerenzakdoek. Zo'n wijf, dus.

En ook zo'n wijf waar je voor de rest van de avond niet meer van afkomt. Op het moment dat je weg wilt zegt ze: 'Even mijn verhaal afmaken.'

Dat verhaal gaat dan of over haar succesvolle man of over haar succesvolle kinderen, want zelf heeft ze geen fuck meer meegemaakt sinds ze is getrouwd.

Gek word je ervan. Ze lult maar door. 'Even mijn verhaal afmaken.'

En hoe grof ik ook word, niks helpt.

Op een gegeven moment zei ik: 'Wat voor tampons gebruikt u eigenlijk?'

Ik kreeg gewoon het merk! Ik kreeg gewoon het merk! Niets, maar dan ook niets helpt.

'Is het waar dat het vrouwencondoom zoveel lawaai maakt?'

Zegt ze: 'Nou, ik luister wel eens aan het doosje, maar ik hoor niks.'

'Nee, je moet wel aan het goeie doosje luisteren.'

Niks helpt.

'Lul rustig door', zeg ik tegen haar, 'maar ik ga even pissen.'

Sta ik te pissen, gaat achter me de deur open: 'Even mijn verhaal afmaken.'

Ik denk: nou is het leuk geweest; hup, terugsproeien met die handel.

Dus ik draai me om, maar dat hielp ook niet.

'Zo, jij hebt ook een kleintje.'

Daar stond ik en antwoordde: 'Ik sta niet op de weegschaal, trut.' Maar die begreep ze niet.

'Nou nog één ding, één ding; als jij nou je verhaal afmaakt, dan maak ik jou af. Oprotten en wegwezen.'

Dus ik snel naar mijn secretaresse, maar ik was te laat. Er stond al een ander in mijn wijk te klussen. Eén of andere hele enge Veronica-yup. Zo'n house-broek en dan ook nog een staart. En als ik ergens van ga schubben dan is het wel van mannen met een staart. Mannen met een staart! Ik heb vanmiddag in de binnenstad rondgekeken en zeker één op de zes mannen loopt met zo'n tuttig staartje aan z'n hoofd. Zulke mannen zie ik dan ook 's ochtends bezig in de badkamer, met zo'n elastiekje, dat gewoon om een boterhammentrommel heeft gezeten, want dat soort eikels zijn het. Geflipte leraren!

Op een gegeven moment gaat natuurlijk dat elastiekje in de lucht en dan moeten ze met die dikke reet onder de wasbak om te zoeken. Op dat moment komt één van de kinderen binnen en zegt: 'Wat zoek je, papa?'

'Papa zoekt het elastiekje van zijn staart!'

Ben je dan een lul of ben je dan géén lul?

Maar weet u wat ik echt nog véél erger vind? Dat zijn van die mannen met zo'n klein ringbaardje. Op de wangen niks. Alleen wat haren om hun mond. Zo'n pratende kut. Weet je wat ik bedoel, of niet?

Maar goed, ik kwam bij mijn secretaresse en was dus te laat. Ze waren heel, heel, heel intens samen en ze gingen samen weg. Ik zeg: 'Wat ga je doen?'

'Oh, we gaan nog even lekker housen in de disco.'

'Wat zeg je?'

'We gaan even lekker housen in de disco!'

Ik zeg tegen die ouwe lul: 'Kijk maar uit, dan fluoresceert de roos nogal op je schouders!'

En ja hoor, daar had ik dat wijf weer in mijn nek.

'Flikker op. Sodemieter op jij.'

Ondertussen was ik zelf zo lam als een konijn geworden.

En ik dacht: weet je wat ik doe, ik ga even een hapje eten.

U zult zeggen: 'Hapje eten in het Amstel Hotel? Dat is natuurlijk hartstikke duur.'

Nou, dat kost dus helemaal geen ene fuck, kan ik u zeggen. Wilt u weten hoe je gratis kunt eten in het Amstel Hotel?

Moet je goed opletten.

Dat doe je als volgt:

Je gaat naar het Amstel Hotel en je trekt een beetje arrogante bek. Je gaat zitten en roept: 'Kaart!'

Dan komt er een kaart en dan neem je wat duurs. Maar dan ook echt duur.

Je moet niet denken: dat heb ik niet bij me.

Zij betalen!

Onder het eten moet je een beetje klagen. Dus af en toe roep je: 'Is dit Chablis?'

Roep maar iets, als het maar negatief is. Of je neemt een hapje en je zegt: 'Is de kok naar bijscholing?'

Het moet negatief zijn, anders geloven ze niet dat je geld hebt.

Nou, dat vreet je allemaal lekker op, dan komt de rekening en dan roep je: 'Kamer 212.'

En dan *moven*. Dat is alles.

Wanneer je een beetje gevoel voor humor hebt stuur je daarna nog even een brief met klachten.

Dus ik denk: dat probeer ik ook een keer.

Ik kom daar binnen en zeg: 'Wat is het meeste wat je hebt?'

'Zeven gangenmenu.'

'Twee keer.'

Ik vreet dat allemaal op en lekker dat het was, lekker! Het is een ballentent, maar koken kunnen ze wel. Het enige irritante is dat ze er steeds bij komen vertellen *hoe* lekker het is, alsof je zelf niet kan proeven. Staat er weer zo'n ober in je nek te hijgen: 'U weet wel dat deze patrijs fysiotherapie bij Ted Troost gehad heeft?'

Sodemieter op, kerel.

'Deze sorbet is van scharrelframboos.'

Maar goed, ik heb het allemaal lekker opgegeten. Een Pouilly-Fumé-tje erbij, een Grand Cru-tje, een Calvadosje toe, nog een Calvadosje toe, nóg een Calvadosje toe en nog een Calvadosje...

Zegt die ober: 'Nog een Calvadosje?'

Ik zeg: 'Kerel, doe er een trechter bij en ga ook even zeiken voor dat geld.'

Ik heb het allemaal lekker opgevroten, maar dan komt de rekening. Ik kijk 'm alleen in en zeg: 'Kamer 214.'

'Dat is goed, meneer Van 't Hek.'

Voor ik het wist stond ik dus met de sleutel van kamer 214 in de lift. Zo'n kleine liftboy: 'Ik vind dit helemaal geen hotel voor u!'

Die heb ik in één keer zonder ambulance het AMC ingeramd. Ik kom bij kamer 214, doe de kamerdeur open en zie die kamer!

Groot, groot! Ik heb nog nooit zo'n grote hotelkamer gezien. Ik ging die hotelkamer in en kwam langs een bordje en daar stond op: zestienhonderd gulden.

Dat vond ik geen humor.

Dat vond ik gewoon heel erg veel geld.

Zestienhonderd gulden!

Maar ik dacht: ik ben dronken, ik zal het wel dubbel zien. Het zal wel achthonderd zijn. Daarbij is het een tweepersoonskamer en ik ben alleen...

Dan valt vierhonderd gulden me eigenlijk nog mee. Ik liep een beetje door die kamer, heb een beetje rond de meubels lopen scharrelen, ben voor het raam gaan staan en heb een tijdje naar de Amstel staan kijken.

U zult zeggen: 'Naar de Amstel staan kijken? Maar je woont toch in Amsterdam, dan ken je de Amstel toch wel?'

Jawel, maar die had ik tot nu toe altijd gratis gezien en nog nooit voor zestienhonderd gulden.

Dus dacht ik: daar moet ik toch maar eens een beetje van genieten.

U zult zeggen: 'Waarom ben je niet gewoon lekker gaan slapen?' Dat vond ik een beetje duur.

Kijk, zestienhonderd gulden uitgeven, vind ik niet zo'n punt. Maar ik wil wel zien wat ermee gebeurt. Dus ik dacht: ik blijf mooi wakker voor dat geld. Het was niet helemaal zestienhonderd gulden, want de minibar was gratis. En ik had geen tas bij me, dus ik moest die hele ijskast ook nog leeghijsen.

Ik hoefde niet meer te eten. Ik had al meer dan genoeg gegeten. Weet je wat lekker is als je een beetje veel hebt gegeten? Kan je af en toe nog eens een hapje laten terugkomen.

En die kamer naast me neuken! Echt héél erg neuken. Dus ik riep op een gegeven moment: 'Hallo, kan het een beetje zachter?'

Toen riep die man: 'Nee, ik ben geen radio!'

Dat vond ik wel erg ad rem. En zeker voor iemand die ligt te neuken. Ik ben zelf ook best ad rem, maar niet als ik lig te neuken. Vroeger wel.

Vroeger was ik altijd heel onzeker als ik met mijn vrouw lag te neuken. Dan ging ik onder het neuken ook nog wel eens moppen liggen tappen.

Ik dacht: dan heeft zij er ook wat aan.

Het is echt waar hoor, ik wou dat ik het verzonnen had.

Als ik nu thuis nog wel eens een mop vertel, dan zegt mijn vrouw: 'Oké, als ik maar niet hoef te neuken.'

Maar deze mensen waren echt héél burgerlijk aan het neuken, heel burgerlijk.

Zal ik zeggen wat ze deden?

Ze deden neuken, neuken, neuken, neuken, neuken... hoogtepunt... snurk.

En dat voor zestienhonderd gulden!

Dat mag toch wel ietsje meer zijn?

Het mag toch wel een fractie meer zijn?

Nee hoor. Neuken, neuken, neuken... hoogtepunt... snurk.

Met z'n tweeën gingen ze acht uur achter elkaar liggen snurken. Dat is tweehonderd gulden per uur.

Ik stond daar voor dat raam, en keek zo'n beetje naar die Amstel, en naast me hoorde ik zo van: Snurk...snurk... snurk. Dat heb ik een tijdje aangehoord. Op een gegeven moment was het een uur of half vijf en ik dacht: ze liggen nu zo lekker te slapen! Weet je wa'k doe? Ik ga eens even met ze praten.

Wat u nu hoort, is een bandje. Ik heb dit in de pauze ingesproken en ik ben weg.

46

U heeft vanavond drie keer op het verkeerde moment gelachen. Vier keer niet gelachen, terwijl er in het script
staat: *lach*. Kortom: het boerenlullengehalte is me iets te
hoog en terwijl u kijkt naar deze zwenkende spot ben ik
onderweg naar de secretaresse van de platenmaatschappij.
En u denkt nu: jongen, lul toch niet, je staat gewoon in
de coulissen.
En dat is natuurlijk ook zo.
En dat is ook een beetje mijn tragiek.
Ik roep al jaren: 'Ik wil weg, ik ga weg en ik moet weg',
maar ik kom helemaal niet meer weg. Ik heb mij zowel
hypothecair als emotioneel volledig aan dit land gebon-
den.
Ik heb een gezin.
Het ergste van het gezin vind ik dat iedereen van iedereen
weet waar iedereen is. Daar werk je zelf ook aan mee door
het de hele dag te zeggen.
'Ik ben even naar het toilet. Ik ben even naar boven.'
En als je het een keer niet zegt, dan zeggen ze:
'Wat ga je doen?'
Niets is erger dan dat. U had mij vanmiddag moeten zien
vertrekken thuis. Twee kinderen in een enorme berg
speelgoed: 'Ik weet niet wat ik moet doen!'
Ik wel. Wegwezen.
Zo vaak dat ik denk: o, kon ik maar ergens naar een plek,
één keer per week is genoeg, dat niemand weet waar je
bent. U zult zeggen: 'Ga dan naar die bunker van boer
Buitendijk.'
Maar dat is niet meer leuk. Kijk, vroeger was dat leuk,
want vroeger mocht ik daar niet komen. Toen was het
leuk om er naar toe te gaan. Het was illegaal. Het illegale
is leuk.

Wie heeft er hier in deze zaal een buitenechtelijke verhouding?

Tien procent, hoor!

Wie is er ongelukkig thuis?

Laatst vroeg ik aan een zaal: 'Wie heeft er hier een buitenechtelijke verhouding?'

Toen riep er een meneer: 'Ik!'

Waarop zijn vrouw zei: 'Jij ook al?'

Ik zal het nog makkelijker maken. Stel, je bent ongelukkig thuis en je kent iemand anders en die is ook ongelukkig thuis. Eén keer per week ontmoet je elkaar op een kleine hotelkamer en smelt daar in elkaars armen Au Bain Marie. Dit is een poëtische omschrijving voor 'neuken bij een Van der Valk'.

Eén keer per week ontmoet je elkaar daar, en het is fantastisch. Maar wat gebeurt er? Men komt er thuis achter. De man van de vrouw komt er achter of de vrouw van de man. En wat is het gevolg? Die man en vrouw gaan thuis scheiden en ze gaan samenwonen. Die liefde, die spannende liefde van een paar uur per week wordt opeens legaal. Dus die wordt gewoon, net als bij u thuis: Cola met de dop er af.

Dan is het voorbij, dan is het over, dan is het gedaan. En natuurlijk willen die man en vrouw nog wel een keer terug naar hun hotelkamer. Maar dat is niet meer leuk, want het is niet meer illegaal. Daarbij is er nog iets anders: je moet nooit teruggaan naar de plekken waar je ooit gelukkig was. Dat valt alleen maar tegen. Je moet vooruit in het leven en niet achteruit.

Ik moet niet teruggaan naar die bunker.

Heel veel mensen zeggen: 'Dat is wel zo, maar als je vooruit gaat kom je onherroepelijk bij de dood.'

Ja, daar moet je ook zíjn.

Ik zal verder gaan met mijn verhaal. Ik was in het Amstel Hotel, het is half vijf in de ochtend en ik ga praten met de snurkende buren. Ik sta voor de deur en het is doodstil. Ik klop aan. De deur gaat open en ik sta oog in oog met: Charly!

Charly, David en ik gingen altijd met z'n drieën naar de bunker van boer Buitendijk.
Charly, David en ik waren altijd samen.
David is dood.
Dat mocht hij niet van zijn vrouw, maar dat deed hij gewoon. Eigenlijk waren Charly en ik nog vaker samen dan David en ik. Als ik eerlijk ben, heb ik geen één jeugdherinnering zonder Charly.
Altijd met Charly:
samen op de fiets naar zijn tante in Nunspeet,
samen uit een oude tak een dolk snijden,
samen voetballen bij de vijver van Vlek,
samen naar Ajax,
samen naar het honkballen van HCAW,
samen een of ander schoolcabaretje in elkaar draaien.
Altijd alles met Charly.
De eerste vakantie zonder ouders.
Op twee kleine brommertjes kwamen we België binnenrijden.
Twee van die kleine mobyletjes.
'Charly Davidson' had hij erop geschilderd.
Charly en ik waren altijd samen.
Aan het eind van de middelbare school was Charly klaar en kon ik ook gaan.

Toen kwam het prachtige moment.

Charly verdween naar Leiden om te studeren en ik naar Amsterdam om te lanterfanten, want ik wist het nog niet zo goed.

In de herfstvakantie kwamen Charly en ik elkaar voor het eerst weer tegen.

We begrepen niets meer van elkaar.

Charly was in een paar maanden tijd verworden tot een broodje corpsbal.

Met een heel raar blazertje, hele rare goten in zijn broekspijpen en nog vreemdere gaatjes in zijn schoenen.

Ik zei: 'Wat is er met jou gebeurd?'

'Ik studeer!'

Jongen toch, dacht ik.

Ik vond hem zo zielig toen ik hem zag staan.

'Maar zo zien we er daar allemaal uit!'

Oh God, dacht ik.

We begrepen niets meer van elkaar. Want het zat hem niet alleen in de kleren, hij was hij ook geblazerd gaan denken. Hij lachte om andere moppen, andere meisjes, andere dingen... In de kerstvakantie was het erger en in de paasvakantie vergaten we te groeten.

En daarna heb ik hem eigenlijk nooit meer gezien.

En nu opeens, twintig jaar later, sta ik oog in oog met hem op de gang van het Amsterdamse Amstel Hotel!

Allebei ouder, allebei kaler, allebei dikker, allebei vader, en allebei dronken.

Ik zei: 'Hé Charly, het gaat wel goed, hè? Tenminste wat ik net zo hoorde!'

'Ik ken dat meisje niet.'

'Nee, dat hoorde ik wel! Weet je trouwens dat David dood is?'

'Dat heb ik gelezen. Dat moet een drama geweest zijn.'
'Je was niet op de begrafenis.'
'Ik had iets belangrijks, denk ik.'
'Charly, lul, er was toch nooit iets belangrijkers dan...
weet je nog wel? Mag ik jou eens een domme vraag stellen
Charly? Zou jij met mij nog één keer naar de bunker van
boer Buitendijk willen?'
'Kan jij niet golfen, Youpie?'
'Wat zeg je?'
'Kan jij niet golfen?'
'Nee, ik kan niet golfen, Charly. Ik ben geloof ik de laatste
Nederlander die het nog niet doet, maar ik wil niet golfen
en ik zal niet golfen, want ik vind golfen een beetje bur-
gerlijk. *Golfen is knikkeren voor jongens die niet willen bukken.*
Of, zoals mijn oude vader altijd zei: "Hoe kleiner de bal,
hoe groter de kwal."
Charly, zou jij met mij nog één keer naar de bunker van
boer Buitendijk willen?'
'Ik ken die bunker niet.'
'Charly, de bunker van boer Buitendijk ken je toch wel!
De bunker waar we altijd met die hond... weet je nog wel?
Charly, de bunker, Charly?'
En in één keer sloeg hij de deur dicht en ik begreep er niks
van.
Ik dacht: hoe kan nou uitgerekend Charly niet meer we-
ten wat de bunker van boer Buitendijk is? Als ik alle uren
optel dat we daar gezeten hebben, dan hebben we daar
meer dan een jaar gezeten!
Hij liegt! Als het echt zo is dat hij het niet meer weet, dan
is Alzheimer met hem wel heel gauw klaar.
Maar goed, misschien had ik hem nooit meer moeten

zien. Misschien moet je iemand die je twintig jaar geleden voor het laatst hebt ontmoet nooit meer terugzien.

Ik heb laatst ook zo'n blunder gemaakt. Toen ben ik naar een reünie van een van mijn oude scholen geweest. Daar krijg je ook zo'n Koos Postema-gevoel van.

Ik zie me daar nog binnenkomen. Ineens stond ik oog in oog met mijn hele generatie. Maar dan in gezinsverpakking, echt dodelijk. Met van die kinderen erbij, een beetje van die mislukte Center Parcs-exemplaren. Die kinderen schamen zich dood voor die ouders. Het ergste is, dat je opeens gaat zien dat jouw hele generatie een beetje van die zeikerige veertigers zijn geworden. Die zo verantwoordelijk gaan praten: 'Nee, wij drinken niet, wij moeten nog rijden.'

En daar sta jij met je pilsje, weet je wel?

'Nee, wij drinken niet, wij moeten nog rijden!'

Gekke auto hè, met twee sturen! En niemand die in mijn bijzijn een Bucklertje durft te bestellen. Dat is ook heel gek. Kan je ook niet zo makkelijk meer krijgen, heb ik gehoord...

Het was maar een geintje, meneer Heineken.

Weet je wat mensen dan gaan drinken? Jus d'orange. Opeens zit jouw hele generatie met zo'n zeikerig glas jus d'orange. Nou ja, jus d'orange? Het is geel, het komt uit een kartonnen pak, en aan die kleur zie je al: hier is nooit één sinaasappel bij geweest. Op dat pak staat dan: 'Met echt vruchtvlees.'

Maar dat is niet van een sinaasappel.

Gewoon gemalen witte bonen of het is bietenpulp?

Iedereen staat gezellig gemalen witte bonen door z'n nylon gebitje heen te spoelen. Of van die witte wijn waarvan je één slok neemt en meteen je hele bek wegcraqueleert. Het ergste is het als er ineens een schaal langs komt met van dat ranzige voetbalkantine-voedsel. Zo'n schaal met bitterballen die bevroren in de olie zijn gegaan, waardoor ze zwaar aan de syfilis naar buiten zijn gekomen. Het is ook geen mosterd die erop gaat, maar gewoon zalf om ze te genezen. Of van die kleine stukjes gemalen koeiekut, oftewel: frikadelletjes. Dat is gemalen koeiekut. U moet me niet zo netjes aan gaan zitten kijken! Maar frikadelletjes is gemalen koeiekut. Ja, dat zegt Cora van Mora er nooit bij! Die zegt nooit: 'Dit is gemalen koeiekut, mensen!' Maar het is wel gemalen koeiekut. Alleen heel goed gemalen. Je hoeft nooit later een clitoris tussen je tanden vandaan te peuteren.

En daarnaast liggen altijd die vlammetjes. Vlammetjes? Dat zijn die kleine gefrituurde envelopjes, die je alleen naar binnen krijgt als je ze vult met Rennies! Vlammetjes! Daar komt zoveel olie uit dat zelfs Saddam Hoessein geïnteresseerd is in die krengen! Vlammetjes! Je neemt een vlammetje, 't is meteen beneden en het blijft ook beneden. Tot het nacht is. Dan zegt het vlammetje 'fuck you' en komt het antiperistaltisch naar buiten marcheren. En drie dagen nadat je vlammetjes hebt gegeten, komt overal waar olie uit kan komen, ook olie uit. Je staat te pissen en wat pis je? Castrol!

In dat sfeertje stond ik en van de eerste lul die op me afkwam had ik geen idee hoe hij heette. Ik dacht: ik noem 'm gewoon Karel en zeg tegen hem: 'Hé, Karel, hoe is het?'

'Hé Youpie, ik moet nou al lachen!'

'Wat doe je, Karel?'

'Ik zit in de verzekeringen, ik dek me suf. Haha... Ja You-pie, ik kan het ook. Ik zag je laatst weer op de televisie en ik zeg nog tegen de vrouw: "Die gozer heb ook niet echt leuk werk, kijk het lijkt natuurlijk wel leuk om elke avond weer in een ander dorp de komiek uit te hangen, maar echt leuk is het natuurlijk niet die showbusiness." Want jij zit 's avonds nooit effe gezellig thuis bij de vrouw...'

En achter me stond een vliegdekschip, dat ik dacht: kerel, ga op tournee!

Die vrouw was voor deze gelegenheid naar de kapper geweest.

De volgende die ik tegen kwam was Ben. Ben was een jongen die vroeger de conciërge hielp.

Ik zei: 'Hoe is het Ben?'

'Ik mag niet klagen.'

'Wat zeg je?'

'Ik mag niet klagen. Het is alleen een beetje oneerlijk verdeeld in de wereld.'

'Dat wist ik niet. Hoe kom je daar nou bij?'

'Nou, bijvoorbeeld bij ons op de zaak, daar heb je Lodders. Lodders gaat over de kerstpakketten. En nou heb je bij ons op de zaak twee soorten kerstpakketten. Je hebt direktie-pakketten en je hebt gewone pakketten. De direktie-pakketten, daar zit een beetje meer in. Extra flesje wijn, blikje zalm en Lodders moet ze verdelen. Dat doet hij al een aantal jaren. Maar nou ben ik laatst bij Lodders thuis (heel toevallig zitten onze dochters allebei op pony-werpen) en wat ligt er onder zijn kerstboom? Een direktie-pakket!

En dan zeg ik: het is oneerlijk verdeeld in de wereld. Nou goed, daar ben ik een hele harde in.'

De volgende die ik tegenkwam, dat was Jan Willem.
Jan Willem was de broer van Charly en hij had net als ik óók geen diploma. Alleen aan Jan Willem mérkte je het nog zo ontzettend.

'Hé, Jan Willem, hoe is het?'

'Mieters!'

'Wat zeg je?'

'Mieters!'

'Ben je een nicht geworden of zo? Hoe bedoel je "mieters"?'

'Hoe is het met Charly?'

'Ook mieters.'

'Wat doet Charly tegenwoordig?'

'Jezus, Youpie, wat doet Charly tegenwoordig. Lik jij wel eens aan een postzegel?'

'Ja, ik lik wel eens aan een postzegel.'

'Dat smaakt héél anders dan de achterkant van de koningin zelf, of niet?'

'Ja... daar ben ik zo lang niet geweest, daar heb ik even geen zicht op.'

'Als jij aan een postzegel likt, denk jij dan nooit: wie heeft dit likbaar gemaakt?'

'Nee, ik denk dan veel bij het likken aan een postzegel, maar ik denk nooit: wie heeft dit likbaar gemaakt.'

'Dat is dan verrekte interessant, want miljoenen mensen likken dus dagelijks aan een zegeltje en denken daar inderdaad nooit bij na.

En wie heeft dit likbaar gemaakt? Charly! Charly heeft namelijk een enorme geur- en smaaktoko en die maakt dat soort dingen likbaar. En niet zo likbaar dat mensen er verslaafd aan raken, dat je allemaal postzegeljunks krijgt die op handen en voeten een postkantoor binnenkruipen om daarna met hele vellen zo naar buiten te komen! Of dat je allemaal lebberende pedo's aan de kinderzegels krijgt? Nee, waar het om gaat is dat dingen op een gegeven moment likbaar en/of ruikbaar zijn. Kom jij wel eens op zaterdagochtend op de broodafdeling van een supermarkt dat je denkt: hier wordt ambachtelijk gebakken?

'Nee, ik denk een hoop als ik op zaterdagochtend op de broodafdeling van een supermarkt sta, maar ik denk nooit: hier wordt ambachtelijk gebakken.'

'Dat is dan verrekte interessant, want miljoenen mensen denken dat wél en bestellen veel meer brood dan ze nodig hebben. Maar er wordt niet ambachtelijk gebakken. Het is gewoon één druppeltje gebakken lucht dat in de airconditioning gaat. Men wil belazerd worden, dus men moet belazerd worden.

Kom je wel eens in een rouwkamer, Youpie?'

'Nou, niet echt als hobby...'

'Vroeger op warme dagen, zette men een koelinstallatie onder de kist. Tegenwoordig: één drupje in de *airco* en je ruikt niet meer dat er iemand dood is. Dat is echt fantastisch mooi spul. Je komt zo'n rouwkamer binnen en je zou zo een feestje willen geven; heb je nog een tafeltje voor de glazen ook.

Echt fantastisch mooi spul. En dat spul gaat op het ogenblik in tankers over de hele wereld. Het is spul, waarmee je de dood niet meer ruikt. Dat gaat naar Somalië, Zuid-Afrika, de Gaza-strook. We hebben er waarschijnlijk een heel leuk klantje bij in Rwanda. Echt fantastisch leuk spul. Het is allemaal chemisch, dus inkoop nul. Daarna gewoon zakken vullen. Het gaat ook heel goed met

Charly. Hij woont niet meer in Nederland. Hij kan dit land niet meer betalen. Het gaat echt fantastisch met hem.'

'Goh, leuk.'

'Ja, leuk voor hem en natuurlijk ook voor mijn ouwe lui.'

'Vóór?'

'M'n ouwe lui!'

'Wie zijn dat?'

'Mijn ouders.'

'Oh, dat wist ik niet.'

'Ah, dat weet je natuurlijk zelf ook wel hè, vroeger was Charly toch altijd een beetje het *zorgendropje van de family*. In de jaren dat jullie bij dat bunkertje rondhingen van die boer Buitendinges... was dat een hele zware tijd voor paps en mams, hè? Maar als dan toch alles goed komt, is dat natuurlijk toch leuk. Hebben ze toch nog een hele gezegende ouwe dag... En met jou gaat het ook heel goed? Ik volg je een beetje in de media. Charly heeft het nog heel vaak over jou, weet je dat? Hij zegt altijd: 'Die bunker van boer Buitendinges, dat was eigenlijk de mooiste tijd van mijn leven.'

'Wie zegt dat?'

'Charly!'

Ik dacht: ik word gek! Nou vind ik gek worden niet het ergste, ik wil het alleen niet merken.

Ik sta op de gang van het Amstel Hotel, hij weet niet wat de bunker van boer Buitendijk is.

Ik spreek zijn broer en die vertelt dat hij over niets anders schijnt te lullen.

Ik dacht: ik moet hier weg, ik moet hier weg, ik moet hier weg en ik wilde ook weg. Ik had op die hele school niets meer te zoeken. Ik liep in één keer die school uit, maar in de deuropening botste ik op Els.

En Els?

Els?

Waaaaauuuuw!

Of liever gezegd: Els waaaaauuuuw nooit. Els was de natte droom van onze klas. Daar zijn wij nog eens collectief op afgezwommen. En dan zeg ik het nog netjes. Els was het. Als wij naar een klasseavond gingen, gingen wij maar voor één iemand en dat was voor Els. Maar het aardige was: Els kwám helemaal niet op die klasse-avond. Ben je besodemieterd! Els lag al honderd jaar voor op ons. Els ging toch niet naar een of andere zeikerige klasseavond van een zakkig lyceum in Bussum? Sodemieter op! Els had al een vriend in Amsterdam. En niet zomaar een vriend; nee, een vriend met een woonboot. Ja, toe maar, met een woonboot! En Els ging in de zomervakantie ook niet ergens met haar ouders in een caravan zitten ruften! Sodemieter op! Els verdween toen al in d'r eentje naar Zuid-Frankrijk! Hoe kwam ze daar dan?

Liften!

Els ging na haar eindexamen ook niet ergens in een stadje studeren waar haar eigen ouders het ook zo prettig hadden gehad en ze werd ook geen lid van hetzelfde clubje waar haar ouders ook lid van waren geweest... Sodemieter toch op! Els verdween gewoon naar Parijs en is daar topmannequin geworden. En terecht.

Els heeft meegespeeld in een Franse film.

En terecht.

Els is getrouwd met een multimiljonair.

Niet terecht.

En nu opeens, twintig jaar later, sta ik oog in oog met Els. Ik zeg: 'Hé Els!'

'Jij moet Youpie zijn.'

'Ja, ja, ja, ja, ja, ja...'

'Charly, David en Youpie. Grotere etterbakken ben ik nooit meer tegengekomen!'

'Ja, toen waren we echt héél jong hoor Els, héél jong!'

'Maar het gaat heel goed met jou, hè?'

'Ja, dat mag ik wel stellen, Els. Het gaat echt héél erg goed met mij. En jij, Els, wat doe jij?'

'Ik duw debielen door de stad!'

'Maar jij woonde toch in Frankrijk?'

'Ja. Zijn daar geen debielen? Die doen alleen debiel in het Frans!'

'Nee, maar ik bedoel: jij zat toch in de mode of zo?'

'Ja. Dat heb ik ook een tijd gedaan.'

'En jij speelde toch in een film?'

'Ja. Dat hoor ik ook net.'

'Nee, maar ik bedoel, Els, jij...'

'Youp, ik woon in Fécamp. Fécamp ligt in Normandië. In Fécamp heb je, net als overal, geestelijk gehandicapte kinderen. Die moeten 's morgens naar school worden gebracht, en 's avonds gehaald. Een aantal mensen doet dat en één van hen ben ik. Daar is toch niks verkeerds aan, hoop ik?'

'Nee, integendeel Els, dat is prachtig werk. Dat moet zeker gebeuren, anders heb je ze thuis.

Dat bedoel ik dus niet zo, Els. Ik bedoel juist dat ik het heel mooi werk vind, want ik zie ze bij mij hier in de stad ook vaak lopen met die halve garen in een wagentje... en dan denk ik heel vaak: goh, wat is dat toch mooi werk. Ook omdat ik weet dat het slecht wordt betaald. Soms denk ik wel eens: misschien moet ik daar in het theater eens een keer iets over zeggen. Dat ik het heel erg mooi werk vind. Misschien moet ik nog verder gaan. Misschien moet ik er een keer een liedje over zingen. Gewoon omdat ik het heel erg mooi werk vind.'

'Ja, Youp, zing jij er eens een liedje over. Zing er eens een móói liedje over. En als je het hebt gezongen, zegt de hele zaal: mooi liedje! Maar als het liedje gezongen is, zijn ze nog niet geduwd. Succes met je móóie liedje.'

Je ziet ze in de Efteling en ook wel in Slagharen
ze duwen de debielen door de oude dierentuin
ze snuiten natte neuzen en staan vaak mee te staren
ze slepen ze door stad en land en ook door bos en duin

ze vegen moeders billen af, ze voeren oude monden
ze zijn vaak vele weekenden, dag en nacht de klos
eentje die ligt door, en wie verbindt de wonden
en ze moeten dikwijls ook nog uren kijken naar de Tros

Wie, oh wie zal mijn wagen duwen?
wie oh wie rijdt mij door de stad?
wie oh wie, en wie rijdt de uwe?
of heeft u het daar nog nooit over gehad?

Je ziet er niet zo veel, dus het zal wel goed betalen
ze zijn al miljonair of tenminste erg duur
of is er voor hen toch niet zoveel te halen?
zijn de druiven toch een beetje erg zuur?
zijn het dan alleen nog maar de idealisten
die de wagens duwen, duwen door de stad?
en zeg nou later niet dat we dat niet wisten

zeg nou later niet op de momenten dat
je beseft: ik kom te zitten in die wagen,
want er komt een dag en dan loop je niet meer door
en wie moet je dan bellen? wie moet je dan vragen?
misschien wil er wel niemand, zegt iedereen: 'sorry hoor...'

Wie, oh wie zal mijn wagen duwen?
wie, oh wie rijdt mij door de stad?
wie, oh wie, en wie rijdt de uwe?
of heeft u het daar nog nooit over gehad?

Ooit komt er een dag en dan zit je in die wagen
ooit komt er een dag en dan loop je niet meer door
wie moet je dan bellen? wie moet je dan vragen?
misschien wil er wel niemand en moet er een hondje voor

Wie, oh wie zal mijn wagen duwen?
wie, oh wie rijdt mij door de stad?
wie, oh wie, en wie rijdt de uwe?
of heeft u het daar nog nooit over gehad?

Een vriend van mij kreeg een blindengeleidehond en
ruilde hem later in voor eentje die wél wat zag.
Persoonlijk heb ik nogal een hekel aan honden. En als ik
dat zeg zult u denken: oh, hij houdt er niet zo van.
Nee, dat is het niet. Ik heb echt een godsliederlijke tering-
hekel aan honden.
U denkt nu: hij vindt ze niet zo prettig.
Nee, ik heb echt een godsliederlijke pleurispesttyfushekel
aan honden. Nou niet zozeer aan honden, want honden
kunnen er niets aan doen dat ze hond zijn, maar aan men-

sen met honden. Daar ís namelijk iets mee. Moet je maar eens opletten. Mensen met honden, daar is iets fundamenteel mee mis.

Waarom hebben mensen een hond?

Of ze hebben niks te commanderen op de zaak, of ze hebben niks te kroelen 's avonds thuis. Ik kan het niet goed uitleggen, maar mensen met honden zijn gestoord.

Ik hou niet van honden. Dat kan. Maar mensen met honden begrijpen dat niet. Dus dan kom je bij mensen met een hond en heb je opeens zo'n natte neus onder je ballen. En dan zegt zo'n wijf: 'Hij doet niks!'

Nee, denk ik dan, hij doet niks nee. Mijn eigen wijf is daar met d'r natte neus nog nooit geweest.

Het zijn niet alleen mensen met honden, het zijn überhaupt mensen met beesten. Zitten er hier mensen in de zaal met een goudvis? Zitten die hier? Nee, ik hoef die kom niet te zien, maar mensen met een goudvis, dat zijn hele erge mensen. Weet je wat weer het ergste is onder de mensen met een goudvis? Dat is de pratende kut met een goudvis. Zal ik die even snel aan u uitleggen?

Kijk, een goudvissenkom staat bol. Dus als een goudvis naar buiten kijkt, ziet hij alles heel groot. En als de pratende kut 's morgens beneden komt en zegt: 'Goedemorgen, goudvis', dan ziet die goudvis een hele grote behaarde...

Nooit over nagedacht hè?

Als ik bij mensen thuis kom met zo'n goudvis op het dressoir weet ik dus ook nooit wat ik zeggen moet.

Ik zeg altijd: 'Goh, gezellig!'

En dan staat er zo'n kom met leidingwater, één takje groen, een paar van die kiezels op de bodem en dan zo'n oranje visje. Ik zeg dan altijd: 'Dat ziet er spannend uit. Je hebt altijd nog wat te babbelen als je 's avonds thuis komt. En het scheelt weer een alarm. Gezellig zo'n kom. Sneeuwt hij ook als je schudt? Wat is het er voor één? Vuilnisbakkie?'

'Een sluierstaart!'

'Zò! Een moslim! Een Bosnisch visje, gezellig. Die zal wel honger hebben. Hoe heet hij?'

'Arafat.'

'Oh, leuke naam! Is dat nog veel onderhoud, Arafat?'

'Toch elke week een nieuw takje groen.'

'Meen je dat nou? Elke week een nieuw takje groen... Goh, daar sta je toch ook niet bij stil hè, als leek.'

En op dat moment zie ik de man op een brommer naar de dierenwinkel gaan en hij vraagt: 'Mag ik van u een takje groen?'

Man van de dierenwinkel: 'We gaan 'm weer verwennen?'

Mensen met beesten, er is iets totaal mis mee. Mensen met beesten gaan zich ook altijd ongevraagd met jou bemoeien. Waarom jij geen beesten hebt. Vooral als je kinderen hebt krijg je dat gelul.

Ik heb twee kinderen: een dochter en een zoon.

Mijn dochtertje heet Anna en is vijf en mijn zoontje is drie en heet Julius.

Veel mensen zeggen vaak: 'Julius? Leuke naam! Keizersnee?'

'Nee hoor, dan hadden we 'm wel Jaap genoemd.'

Vindt u het gezellig als ik even over de kinderen babbel? Nou, even vlug dan.

Julius zit wat je noemt midden in de nee-fase. Weet je wat de nee-fase is? Ik zal het even snel uitleggen. Mijn zoontje

die zegt overal 'nee' tegen. Als je tegen mijn zoontje zegt:
'Zullen we even naar oma?'
'Ik wil niet naar oma!'
'Zullen we even een puzzeltje maken, Julius?'
'Ik wil niet puzzeltje maken, Julius!'
'Zullen we even niks doen?'
'Ik wil niet even niks doen! Ik wil niet, ik wil niet, ik wil niet!'
We noemen hem thuis Romario.
En mijn dochtertje is vijf en is sinds september leerplichtig. Daar ben ik zo blij om. Oh, dat ze die wet een beetje aangepast hebben. Ik was zeven toen ik leerplichtig werd. Ik merk het nog dagelijks. Nu is het vijf en dat vind ik wel goed. Ik vind het nog oud. Ja, anders gaan ze maar lopen spelen, dat je denkt: ga wat doen, kreng!
Eigenlijk vind ik drie een mooie leeftijd. Nog mooier vind ik het rechtstreeks uit de couveuse naar school. Dat vind ik eigenlijk mooier.
Mijn dochter zit op een hele leuke school, echt zo'n Amsterdamse grachtengordelschool, zo'n lekkere beschaafde Montessorischool. Dus geen negers, geen Turken, echt een hartstikke leuke school.
Voor u mij van racisme beschuldigt wil ik het even uitleggen, daar wil ik even héél duidelijk over zijn: Montessori-onderwijs is niet elitair.
Alleen: negers en Turken houden niet van Montessori.
Ik heb alle tijd om mijn dochter overdag naar school te brengen. Ik doe dan heel anoniem, ga bij die andere moeders staan en trek ook een tennispakje aan.
Voor die school van mijn dochter is een enorme zandbak en als je daar aan komt lopen zit er altijd wel zo'n hond

in te bouten. Dat schijt maar door. Je begrijpt ook niet dat er uit één hond zoveel kan komen. Dat je denkt: die moet wel een emmer vlammetjes naar binnen hebben geslagen.

Op een gegeven moment denk je: nou is hij klaar.

Nee hoor, één stap naar voren en hup! Nog een keer. Mijn zoontje speelt daar later mee en roept: 'Er zit zand tussen!' Echt zo'n heerlijke ontspannen Montessorischool.

Er staat bij die school ook altijd nog de Montessori-hulpmoeder.

Kent u die al?

De Montessori-hulpmoeder!

Zo'n heerlijke broekrokkenteef!

Je ziet pijpen, maar je moet er niet aan denken!

En die gaat zich dan met jou bemoeien of jij wel of geen beesten hebt.

'En, heeft de kleine al een beestje?'

'Ja, maar dat hebben we met een speciale lotion behoorlijk weggekregen.'

'Dat bedoel ik niet. Ik bedoel een kameraadje.'

'Een...?'

'Een kameraadje!'

'Een cameraatje?

Ik had biologie in m'n pakket, maar ik weet niet hoe een cameraatje eruit ziet! Is dat een lopend fototoestel of zo?'

'Je weet heel goed wat ik bedoel! Ik bedoel een konijntje.'

'Dat stinkt.'

'Niet in de tuin!'

'Ook, alleen ruik je 't minder.'

'Jullie hebben toch een tuin?'

'Ja.'

'Daar kan toch best een konijntje in?'

'Mja, dat zou kunnen. Maar ik vind dat zielig, één zo'n konijntje in de tuin.'
'Dan neem je twee konijntjes!'
'Jij had geen biologie in je pakket, hè? Voor je het weet sta je de hele kerst te braden, schat!'
'Dan neem je er twee van hetzelfde geslacht.'
'En ik die beflapjes betalen zeker?'

Je hebt ook een groep en dat zijn echt de allerergsten: de mensen met een poes. Of: de kat met de ballen er af.
Ze hebben een kat, halen bij hem de ballen er af en zeggen dan: 'Hij is geholpen.'
Ik kwam laatst bij mensen thuis – die hadden ook de kat geholpen – ik geef die gozer een schop onder z'n ballen, waarop hij zegt: 'Wat doe je?'
'Ik help je even!'
Een vriendin van mij heeft ook een kat met de ballen eraf.
Ik zeg: 'Waarom in godsnaam z'n ballen er af?'
'Ja, anders loopt hij weg!'
'Had je bij je man moeten doen, hè?'
Donder toch op! Ik ken al die zogenaamde dierenliefhebbers. Ze wonen hier in de binnenstad op zo'n kleine etage met zo'n roestig balkon en dan zo'n ruftende korrelbak op de plee. Dat noemen ze dan *z'n territorium*.
Als ik bij mensen thuis kom met zo'n ruftende korrelbak op de plee, dan kan ik er niks aan doen, maar ik gebruik hem ook.
Vooral als ik gedronken heb.
Wat dat betreft heb ik nog liever met honden dan met katten te maken. Een hond gaat nog blaffen, maar zo'n vuile gluiptijger kan niet eens zijn muil opentrekken.

Je komt binnen, en opeens glibbert er iets langs je enkel. En als je omkijkt is hij weg. Altijd in de kleur van de vloerbedekking, die teringbeesten.

En weet je waar ik helemaal niet tegen kan? Dat zijn mensen die over de poes gaan praten alsof de poes kan denken.

'Hij voelt het als ik alleen ben.'

'Huh?'

'Hij voelt het als ik alleen ben!'

'Nee, dat ziet-ie, trut! Hij is toch godverdomme niet aan z'n ogen geholpen, gek! Hij ziet je toch gewoon alleen op de bank zitten. Hij denkt toch niet: nou, geinig gezinnetje! Nee, dat denkt hij niet. En hij heeft ook geen halve fles wodka in z'n mik, dat hij denkt: dat zijn er een stuk of zes. Nee, dat denkt hij niet, nee. En hij heeft ook geen witte stok met twee rooie bandjes dat hij even kan voelen hoeveel er hier in de kamer rondhangen... Nee, dat denkt hij ook niet.

Donder nou toch eens op met je dierenliefde.

Wat is dan dierenliefde? Artis? Is dat dierenliefde?

Als iemand Artis kent dan ben ik het. Want ik heb een gezin, dus ik ben drie keer per week de lul. Dan zegt mijn vrouw: 'Zo, nou doe jij ook eens wat leuks met de kinderen!'

'Huh?'

'Doe jij óók eens wat leuks met de kinderen!'

Op het toneel heb ik het zo verzonnen, maar thuis ben ik net zo'n lul als u, hoor.

'Iets leuks met de kinderen, maar wat vinden ze dan leuk?'

'Artis!'

'Is dat niet op video?'

Vorige week liep ik er weer hoor. Aan de ene kant mijn

67

dochtertje, aan de andere mijn zoontje, dus riep ik: 'Ik ben niet gescheiden, hoor!'

Ik zeg tegen m'n zoontje: 'We gaan zo even naar de kinderboerderij.'

'Ik wil niet naar de kinderboerderij!'

'Jij hebt niks te willen!'

Oooowwww!

Artis. Vierendertig jaar geleden kwam ik daar voor het eerst met de oude Van 't Hek. Ik was vijf jaar oud. In Artis liep toen die ene wolf zenuwachtig heen en weer achter roestige tralies. En nu, vierendertig jaar later kom ik er weer en ik kan het niet bewijzen, maar volgens mij is het nog steeds diezelfde wolf. Die wolf loopt daar al vierendertig jaar heen en weer en is helemaal gek geworden. Die kijkt nog scheler dan mijn eerste akela. Die heeft zichzelf helemaal kaalgevroten, en heeft alleen hier nog wat haar rondom zijn mond, precies: een pratende kut.

Weet u wat trouwens ook heel erg is als je eenmaal kinderen hebt? Dat is de zondag. Die duurt lang! Of je gereformeerd bent. Ik zal u eerst even snel vertellen hoe vroeger mijn zondag eruit zag. Vroeger, dan trad ik op zaterdagavond ergens op. Om een uur of één, half twee kwam ik Amsterdam binnenrijden, ging naar 't café en aan 't infuus. Dat hield ik vol tot een uur of zeven, dan ging ik even lekker slapen.

Om een uur of twaalf, half één werd ik wakker. Om twee uur, half drie zat ik bij Ajax en om een uur of vijf was ik zo lam als een konijn. Ik heb in al die jaren nog nooit nuchter Studio Sport gezien en de volgende dag moest ik in de krant nakijken hoe Ajax had gespeeld. Dat was ongeveer mijn zondag. Maar tegenwoordig staan mijn kinderen 's morgens om tien over zes aan mijn neus te trekken!

Tien over zes!

Dan moet je eerst die boekjes met ze door gaan lezen. Daarna moet je al die video's gaan bekijken. Dan moet je nóg een keer dezelfde video's bekijken en op een gegeven moment zeg je: 'Maar die ken je toch al?'

'Die wil ik nog een keer zien.'

'Ja, maar die video ken je al.'

'Maar die wil ik nog een keer zien!'

'Waarom wil je die dan nog een keer zien?'

'Ja, die ken ik al!'

'Maar die andere video heb je nog nooit gezien!'

'Nee, die wil ik ook niet zien!'

'Maar waarom wil je die dan niet zien?'

'Ja, die ken ik niet!'

En opeens snap je het succes van RTL-4.

Op een gegeven moment is het elf uur 's ochtends en dan ben ik zwaar aan de jenever toe. Maar dan moet ik dus nog de hele dag. Ik heb nog altijd zo'n seizoenkaartje voor Ajax en dat wil ik dan nog wel eens voorzichtig aan mijn vrouw laten zien. Zij zegt dan: 'Gaan wij naar Ajax?'

'Nou eh, jij zeker niet nee.'

'En jij ook niet! Wij gaan namelijk vandaag iets gezelligs doen.'

Daar was ik de hele week al bang voor. Ik dacht: als je niet uitkijkt, wordt het zondag nog gezellig ook.

Een uur later roept mijn vrouw: 'Jassen aan... kaplaarzen aan...'

Ja hoor, we gaan dat pleurisbos weer in. En als je ergens een IKEA-gevoel van krijgt, dan is het wel op zondagmiddag met je gezin door dat bos. Ik loop daar dan met mijn twee kinderen. Mijn vrouw loopt altijd een heel eind achter me, ik weet niet waarom, ze schaamt zich misschien een beetje voor mij, maar dat gun ik haar niet. Dus dan ga ik altijd heel hard tegen haar lopen praten:

'Leuk hebben wij het, hè? Gezellig is dit, hè? Als dit niet meer gezellig is, nou dan weet ik niet wat gezellig is. Dat hebben we toch maar mooi bij elkaar geneukt. Knap hè, in twee keer? Gaan we zo ook nog even lekker langs je moeder?'

En dat is de domste vraag, kan ik u zeggen.

Bij haar moeder begin ik trouwens altijd over euthanasie. Altijd. Dan zit ik zo in mijn koffie te roeren en dan zeg ik: 'En schoonmoeder, wat wordt het: cremeren of begraven?'

'Jij moet niet zo stoken!'

'Cremeren dus!'

Vorige week was mooi. Vorige week stond er een artikel in de krant dat tachtig procent van de bossen nu dood is. Ik tilde mijn zoontje op, en zei: 'Zo, jij kan later lekker naar Ajax.'

Persoonlijk vind ik dit de leukste grap uit dit programma. Ik zal u uitleggen waarom. Omdat er in deze ene grap twee waarheden zitten. De ene waarheid is: ik heb een zoon. Mijn zoon heet Julius en hij is drie jaar oud. Er is geen woord van gelogen.

De andere waarheid is: het bos is voor tachtig procent dood. Dat combineer ik dan heel handig en zo heb ik weer een grapje. Leuk is dat toch? Daar verdien ik geld mee en dat gaat als een dolle. Echt fantastisch goed. Vorige week een nieuwe auto gekocht. Mooi!

Een turbo en hij gaat zó hard... het bos merkt het niet eens. Alleen merk ik, dat naarmate mijn kinderen groter worden, het cynisme waar ik een beetje bekend door ben geworden heel langzaam uit mijn poten begint te fladderen. Mijn kinderen worden ouder en ik vind dat niet altijd leuk. Ze hebben nu namelijk nog dingen dat ik wel eens denk: o, hou dat zo lang mogelijk zo.

Voorbeeld: mijn zoontje kan, zo drie als hij is, nog steeds de w niet zeggen. Dus hij roept elke ochtend vanuit zijn bedje: 'Ik ben bakker.'

Dit doet een buurjongetje, maar het is dus even voor het verhaal.

Mijn kinderen worden ouder en ik merk dat het cynisme werkelijk uit mijn poten valt.

Want het bos is dood.

En mijn zoon is drie.

Er zijn heel veel momenten dat ik daar de humor niet zo van in kan zien.

Misschien hebben mijn kinderen de bunker van boer Buitendijk nog wel een keer écht nodig. Niet eens om te spelen, maar om te vluchten.

En laatst dacht ik: is die bunker er eigenlijk nog wel?

En voor ik het wist zat ik in de auto en reed naar de bunker. En terwijl ik naar de bunker reed, liep ik vol.

Vol met heimweemoed.

Ik moest denken aan Charly.

Ik moest denken aan David.

Ik moest denken aan alle uren dat we daar met z'n drieën hebben gezeten.

Al die uren dat we daar verhalen aan elkaar vertelden.

Al die uren, al die verhalen, die eigenlijk nergens op sloegen, maar die ik nog letter voor letter uit m'n kop ken.

David die prachtig kon vertellen over de Titanic.

Het verhaal is bekend.

14 April 1912.

De Titanic is op volle zee.

De Titanic, het Amstel Hotel onder de schepen.

En de kapitein van de Titanic is trots dat hij kapitein van de Titanic is.

Hij staat voor op dat schip, en roept: 'Wegwezen, hier kom ik aan, de Titanic!'

Hij heeft helemaal niet het gevoel: ik ben maar een klein kapiteintje op een veel te grote boot.

Hij drinkt niet.

En de kapitein staat voor op dat schip en alles gaat opzij, behalve die ene ijsberg.

Die ijsberg boort zich in de Titanic.

En die kapitein ziet dat en is daar niet blij mee.

Hij denkt: ik zal toch even aan de passagiers moeten gaan vertellen dat het schip zinkende is.

Maar op dat moment was er aan boord van de Titanic een feestje.

En dat feestje was in volle gang.

De passagiers, mensen met geld, waren op dat moment aan het dansen.

En die mensen waren ziels- en zielsgelukkig.

En wat doen mensen die ziels- en zielsgelukkig zijn?

Die dansen met hun ogen dicht.

Dus de kapitein gooit de deur open, kijkt naar die mensen en ziet ze dansen.

Dansen met hun ogen dicht.

En die kapitein denkt: oké, ik zal er toch even iets over moeten zeggen.

72

Ik zal toch moeten zeggen dat het schip zinkende is.

Dus hij roept: 'Hallo!'

Een paar mensen kijken verstoord op, met zo'n blik van: ziet u niet dat wij aan 't dansen zijn?

Ze doen hun ogen weer dicht en ze dansen verder.

De kapitein doet een tweede poging en hij roept: 'Hallo!'

Maar niemand reageert meer, want iedereen wil dansen.

Dus de kapitein gaat naar de dirigent en zegt tegen de dirigent: 'Het gaat niet goed met het schip, maar de klant is koning en de koning wil dansen. Doorspelen dus.'

Dat zegt de kapitein van de Titanic tegen de dirigent. Doorspelen.

En de dirigent speelt door.

En aan dat verhaal moest ik denken terwijl ik naar de bunker van boer Buitendijk reed.

Voor ik het wist stond ik oog in oog met de bunker.

Aan de bunker was niets veranderd.

Nou ja, de bunker was dichtgemetseld, verder niets.

Daar lag nog steeds de boerderij van Buitendijk, daarachter het Naardermeer en ik kreeg een aan erotiek grenzende sensatie.

Ik móest en ik zou in de bunker.

Maar hoe kom je in een dichtgemetselde bunker?

Daar kom je alleen maar in als je die bunker kent zoals ik 'm ken.

Bovenop de bunker zit namelijk een gat.

Dus ik liep naar de bunker, klom op de bunker, stond op de bunker, stond op mijn jeugd, stond op de bunker van boer Buitendijk en ik liep naar het gat.

Ik keek door het gat, zag een zooitje gore, roestige, walmende en gif lekkende vaten... en begreep alles.

Ik begreep in één keer waarom Charly op de gang van het Amstel Hotel tegen me zei: 'Ik weet niet waar de bunker is.'

Nee natuurlijk niet. Hij was er al geweest.

Ik begreep in één keer waarom David, vlak voor zijn dood, toen ik hem aanbood om nog één keer naar de bunker te gaan, zei: 'Doe maar niet, Youpie, voor je 't weet heb je ook bultjes in je nek.'

In één keer begreep ik alles.

Ook hoe die vaten daar gekomen zijn...

Charly heeft natuurlijk met die rotzooi in z'n maag gezeten... Buitendijk gebeld...

Buitendijk heeft dat voor een paar slordige rotcenten goed gevonden...

'Als u ze maar niet op zondag brengt...'

In één keer begreep ik alles.

Bijna alles.

Eén ding begreep ik niet.

Als iemand weet hoe gevaarlijk die bunker is, dan is het Charly.

Zijn vader vertelde het,

mijn vader vertelde het,

zijn moeder, mijn moeder...

Oké, die zijn nu oud, dood, doof, dement of in tehuizen. Maar die hebben toch ook ooit een keer de waarheid gesproken; 'Niet bij die bunker, jongens. Dat ding is levensgevaarlijk. Dat plafond van die bunker is zwak. Dat ding kan elk moment instorten.'

'Laten we gaan golfen', zei Charly tegen mij.

Dat lijkt me een ontzettend goed idee.

Zo dwarrelen we langzaam naar het einde van de avond.
U kijkt naar de puinhoop, ziet de rotzooi en u denkt: nou,
't is wel een beetje somber einde.
Het valt wel mee.

Alles wat ik vanavond verteld heb en alles wat u nu ziet,
gebeurt op het toneel.
En ik zei aan het begin van de avond al: 'Het hoort alle-
maal bij m'n tekst.'
Het is dus allemaal maar verzonnen.
Dus als u straks daar naar de bar loopt, dan kunt u tegen
elkaar zeggen: 'Hij heeft wel twee grote duimen.'
'Ja, dat verzint hij allemaal, hè? Je zal zoiets de hele dag
thuis hebben.'
'Ja, z'n vrouw is ook geen trut.'
En straks drinken we er nog één. En misschien gebeurt
hetzelfde als gisteravond, dat er iemand vraagt:
'Meneer Van 't Hek, heeft u echt een zoon?'
'Nee hoor, dat bos is ook verzonnen.'
En we heffen het glas, we drinken op het nieuwe jaar en
we vertellen elkaar dat het fantastisch gaat.
Er dreigt niks.
Er gaat geen veenbrand door Europa.
Alles is verzonnen.
Het gaat gewéldig.
En ik stel voor, dat we een fijne golfafspraak maken.
Ja, laten we gaan golfen!
Of zoals Bowie ooit zong: 'Let's dance.'

Bij de bunker mochten we niet komen
maar niets is lekkerder dan illegaal

kruipen over omgevallen bomen
ach dat kennen wij toch allemaal
het verdwijnen in de plekken van je jeugd
het verdwalen in de spelonken van je ziel
komen daar waar het niet deugt
er komt nooit meer een plek die beter beviel

Het plafond is zwak, het bos is overleden
het water stinkt, de ozonlaag is dun
en de politicus die houdt een mooie rede
en zegt: 'Wat ik de kinderen zo gun
dat is die fijne jeugd, zoals de mijne.
Lekker spelen, lekker zorgeloos.'
Maar waar is die plek om te verdwijnen?
En dat maakt mij als vader bang en boos

Want het plafond is zwak en als de stenen vallen
iedereen weet het: de boel is explosief
en we kunnen op de dansvloer blijven lallen
maar sorry, ik heb m'n kinderen lief
want het plafond is zwak en valt niet meer te stutten
in het beton zit al jarenlang de rot
wie helpt, iedereen lijkt te vutten
en wat doet in Godsnaam onze God?

Want het plafond is zwak en wie kan er nog helpen
ach we schreeuwen onverstaanbaar door elkaar
de springvloed lijkt niet meer te stelpen
hoe zitten we over twintig jaar?
Ja, hoe zullen we dan zitten?
Misschien hoort u dit programma op CD

en ben ik dood, ben ik net als David pitten
en zegt u: nou ja, zie je nou wel?
't viel best mee...

Colofon

Ergens in de verte, geschreven door Youp van 't Hek, werd in juni 1994 in opdracht van Thomas Rap te Amsterdam gezet en gedrukt bij Knijnenberg te Krommenie.

Omslagontwerp: Joep Paulussen, Amsterdam
Typografie: Rudo Hartman, Den Haag
Foto's omslag: Jan Swinkels, Best
Typewerk: Bureau Jenny Spits, Amsterdam

Ergens in de verte is in de periode van 2 januari 1993 tot 11 juni 1994 gespeeld in Nederland en België.

Tekst: Youp van 't Hek
Muziek: Ton Scherpenzeel
Decor: Herman van Elteren
Geluid: Anne Kwast
Licht: Albert Lantink
Toneel: Hans Floberg, Reyer Meeter
Vervoer: Kees de Keizer, Jan Streep
Fotografie: Jan Swinkels
Produktie: Impresariaat Lumen, Hilversum

ISBN 90 6005 439 3